홈쇼핑 판매
불변의 법칙

언제나 대박의 기회는 있다

다음 독자들은 이 책을 보지 마십시오

상품에 자신이 있으니 홈쇼핑 대박도 자신 있다고 생각하는 분

대박은 바라지 않고 광고 한 번 했다고 여길 만큼 여유 있는 분

MD가 누구고 무슨 일을 하는진 몰라도 설득할 자신이 있는 분

언젠가 홈쇼핑에 도전할
당신이 꼭 읽어두어야 할 책

다음 독자들은 이 책을 꼭 보십시오

기껏 홈쇼핑 방송한 후 앞으로 벌고 뒤로 밑질까봐 걱정인 분

첫 번째 홈쇼핑 방송을 인생 최고의 기회로 만들고자 하는 분

담당 MD와 함께 아름다운 성공의 신화를 만들어보고 싶은 분

홈쇼핑 판매
불변의 법칙

언제나 대박의 기회는 있다

유통마케팅 감독
이상발 지음

추천의 글 1

제조업체 관계자들에게 도움이 될 반가운 책

TV홈쇼핑은 지난 1995년 중소기업인 2개의 TV홈쇼핑업체가 사업을 시작하여, 현재 CJ, GS, 현대, 롯데 등의 대기업들과 농수산식품 전문 NS홈쇼핑, 중소기업 전문 홈앤쇼핑, 그리고 올해 사업을 시작한 공영홈쇼핑인 아임쇼핑을 포함하여 모두 7개의 업체가 경쟁하는 규모로 크게 성장하였다. 이와 같이 홈쇼핑은 그동안 소매유통업태 중에서 가장 빠르게 성장한 소매업태의 하나로 주목을 받아왔다. 특히 소비자에게 인지도가 미약한 신상품, 중소기업 제품들에게 좋은 판로로 알려져 있다.

그러나 최근 모바일쇼핑의 성장과 해외직구 증대 등 TV홈쇼핑의 시장환경은 점점 더 경쟁이 심화되고 있어서 업체마다 앞으로의 경쟁력 강화가 요구되고 있다. 그런 의미에서 홈쇼핑사, 벤더, 제조공급업체 관계자들에게 도움이 될 『홈쇼핑 판매 불변의 법칙』의 출간은 매우 반가운 일이다.

저자 이상발 대표는 이미 홈쇼핑 실전 경험과 컨설팅 경험이 풍부함에도 유통마케팅 현장이라면 어디든 마다하지 않고 찾아갈 만큼 열정적이다. 또한 중앙대 대학원에서 이론을 수학하는 등 노력을 게을리 하지 않는 전문가이다. 언제나 새로운 도전을 하고 있는 그의 노력이 결실을 맺어 나온 이 책을 통해 중소 제조공급업체의 판로 경쟁력이 더욱 증대될 수 있기를 기대한다.

- 이정희 (중앙대 경제학부 교수, 전 한국유통학회 회장)

추천의 글 2

실제 경험과 노하우가 담긴 변하지 않는 법칙

방송 보는 재미와 소비하는 재미를 동시에 제공하는 TV홈쇼핑이 이제는 콘텐츠로 느낄 정도가 되었습니다. 상품의 정보를 미디어를 통해서 손쉽게 접하여 구매하는 통신판매라는 소비 형태를 '소비생활'로 국내에 빠르게 정착시킨 데에는 홈쇼핑의 역할이 컸습니다.

6개(2014년 기준)의 TV홈쇼핑사가 13조원 이상의 매출을 기록한 것을 보면 얼마나 많은 소비자들이 홈쇼핑을 이용하는지 알 수 있지요. 또한 홈쇼핑 업계는 모바일, T커머스, 해외시장까지 옴니채널로 확대해가며 소비트렌드를 이끌어가는 중입니다.

저자 이상발 대표는 최근까지 주요 홈쇼핑업체에 몸담아오며 MD부터 심의까지 홈쇼핑 전반의 업무를 담당하면서 소비를 이끄는 요소를 잘 집어내기로 정평이 나 있는 분입니다. 저도 전자상거래 초기 시절부터 저자와 경쟁하기도 하고, 마케팅에 관한 많은 이야기를 나누면서 업무에 많은 도움을 받기도 했습니다.

엄숙한 이론보다는 필자의 오랜 실제경험과 노하우를 바탕으로 찾아낸, 변하지 않는 법칙이 여러분의 홈쇼핑 판매 전략을 업그레이드시켜줄 것이라 확신합니다. 이 책은 사업하는 분들에게는 성공을, 준비하는 학생들에게는 성장하는 기회를 제공해줄 것입니다.

– 주세훈 (인터파크 마케팅담당 상무)

추천사

(홈쇼핑 업계 전문가, 가나다순)

홈쇼핑 초창기부터 미다스의 손으로 불리던 저자의 홈쇼핑 노하우를 단 한 권의 책으로 전수 받을 수 있는 기회! 이 책을 통해 수많은 변화와 혁신을 만들어온 홈쇼핑 시장에서 주인공이 되시기 바란다. **- 김동석 (홈앤쇼핑)**

홈쇼핑 판매를 준비하는 업체 담당자들은 홈쇼핑사 MD들과의 미팅을 어려워한다. 고민이 많은 건 MD들도 마찬가지다. 역지사지가 필요하고, 상대를 위한 배려도 필요하다. 이 책이 홈쇼핑 론칭과 성공을 위해 뛰고 있는 수많은 업체들에게 큰 도움이 될 것이라 확신한다. **- 김연주 (GS홈쇼핑)**

아무리 좋은 상품이라도 저절로 잘 팔리지는 않는다. 다양한 유통채널을 통해 제품을 알리고 파는 전략이 필요하다. 홈쇼핑은 수많은 과정을 거쳐 상품을 검증하고 선택하여 다양한 아이디어로 구성된 방송을 통해 소비자에게 다가간다. 그래서 제조공급업체가 홈쇼핑사를 만나 방송을 준비하는 전반적인 프로세스를 이해하는 것은 매우 중요하다. 이 책은 홈쇼핑 판매를 위한 훌륭한 예행연습이 될 것이다. **- 김태현 (현대홈쇼핑)**

이 책은 홈쇼핑 사용설명서다. 홈쇼핑 판매의 핵심부터 제조공급업체가 나아가야 할 방향까지 아주 쉽게 정리했기 때문이다. 상품 입점 후 성공하는 데까지의 '시간 단축'을 원한다면, 지금 바로 책을 펴시기 바란다.
- 성민기 (롯데홈쇼핑)

TV방송에서 인터넷, 모바일에 이르기까지 채널이 다양화되고 홈쇼핑 시장이 크게 확대되면서 성공을 꿈꾸며 도전하는 업체들도 점차 많아지고 있다. 20여 년의 홈쇼핑 경력을 통해 저자가 체득한 경험과 노하우가 집약되어 있는 이 책은 홈쇼핑의 문을 두드리고자 하는 중소기업들에게 가장 훌륭한 입문서가 될 것이다. - 이용혁 (공영홈쇼핑)

저자의 말대로 홈쇼핑은 기-승-전-MD의 비즈니스다. 상품 선정과 방송 프로세스가 MD의 손을 거쳐 진행되기 때문이다. 이 책을 읽는 독자들은 더 이상 어려움 없이 MD들과 효율적으로 소통하실 수 있기를 기원한다.
- 이제명 (NS홈쇼핑)

홈쇼핑 대박을 위해서는 다양한 요구 사항이 있다. 좋은 상품을 소싱하는 능력, 방송과 온라인 프로세스의 정확한 이해, MD와의 협상력, 상품을 잘 포장하는 마케팅 등……. 성공적인 홈쇼핑 진출을 위해 꼭 필요한 정보를 담은 이 책에 그 모든 것이 담겨 있다. 'MD 1세대', 'MD계의 신사'로 불렸던 이상발 선배의 책이 출간되어, 홈쇼핑 MD 후배로서 자랑스럽고 기쁘게 생각한다. 대한민국 중소기업 여러분들에게 이 책은 큰 힘이 될 것이다.
- 이치훈 (SK 11번가)

홈쇼핑은 상품이 등장하는 종합예술이다. 우리는 매번 멋진 쇼를 준비하려 노력한다. 좋은 상품을 보유한 업체와의 미팅은 그래서 늘 설렌다. 이 책은 MD와 함께 지상 최고의 쇼를 펼치고 싶은 사람들이 꼭 읽어야 할 지침서이다.
- 홍지민 (CJ오쇼핑)

추천사

전문가용 LED작업등 BARTONE은 다양한 각도 연출과 최상의 밝기, 레이저 포인트, SOS 기능 등을 탑재한 제품이다. 나에게 시장의 흐름과 판매 전략을 다시금 상기시켜준 저자의 이 책은 제조업뿐만 아니라 사업을 시작한 수많은 사업가에게 꼭 필요한 책이다. **- (주)엔지니스트 CEO 한상우**

이상발 대표님에게 건강기능식품 및 여러 제품의 코칭을 받았다. 무점포 사업 시대에 발맞춰 나가기 위해서는 홈쇼핑 판매의 A to Z 모두를 알고 시작해야 한다. 이 책은 홈쇼핑을 시작하시는 분들에게 꼭 필요한 지침서가 되리라 생각한다. **- (주)이룸아이엔티 CEO 채철수**

수출시장에만 매진하여 미용기기인 벨리나 4D 진동모공브러시의 홈쇼핑·온라인쇼핑몰 진출에 대한 방향성을 찾지 못하고 있을 때, 풍부한 경험으로 잘 이끌어주신 이상발 대표님에게 감사의 마음을 갖게 되었다. 이 책은 홈쇼핑 시장에 갈증을 느끼고 있는 기업들에게 좋은 지침서가 될 것이다.
- 벨리나 CEO 임종숙

제조업체는 제품이 생산되기 시작하면 시장에서 죽느냐 사느냐를 결정당하는 운명에 처하게 된다. 스마트미 휴대용 독서대의 성공적인 시장 진입과 아름다운 비상은 그분과의 인연으로 시작되었다. 제품을 진솔하게 보여주되, 고객의 마음을 꿰뚫는 분석과 전략은 제품에 대한 사명감 그 이상이었다.
- (주) 하우밈 CEO 고다현

처음 기획을 했던 모기 퇴치 기능이 아닌 스마트 기능과 방수기능을 강화한 제품으로 기획을 변화시키도록 자문해주신 덕분에, 새롭고 특화된 제품으로 소비자에게 사랑받는 캠핑용 스마트 랜턴이 빛을 보게 되었다. 이 책은 제품 기획 단계부터 차별화가 필요한 기업들에게 도움이 될 것이라 확신한다.
– (주)오이알 CEO 윤재선

프리미엄 테이프커터기 '텐도'의 제품개발 과정에서부터 제품출시 후 마케팅까지 힘든 결정의 순간마다 많은 도움을 얻어왔다. 제품개발, 유통, MD 등 모두가 소비자를 위해 존재한다는 것을 깨닫게 해주신 이상발 대표의 '홈쇼핑 판매 불변의 법칙'은 창업자들과 창업을 준비하는 모든 이들이 꼭 읽어두어야 할 책이다. **– 연진INC(tendo.co.kr) CEO 오용철**

환자분들을 위한 외모관리 제품을 개발한 후 판로개척에 많은 어려움을 겪을 때 이상발 코치님을 만나 타깃 고객에게 적확하게 집중하는 마케팅의 진수를 배웠습니다. 독자들은 이 책을 통해 각 제품에 꼭 맞는 마케팅의 기법을 배울 수 있을 것이라고 생각합니다. **– 라리마 CEO 원미영**

제주도에서 오메기떡을 3대에 걸쳐 만들어온 우리 시담(시루에담은꿈)이 농업기술실용화재단의 지원으로 이상발 유통마케팅감독의 도움을 받아 홈쇼핑 방송을 할 수 있었다. 이 책은 중소기업도 홈쇼핑을 준비할 수 있도록 희망을 선사할 것이다. **– 시루에담은꿈 CEO 김대현**

고객은 냉정하고 MD는 바쁘다

홈쇼핑으로 대박을 내는 일은 영화를 흥행시키는 일과 같다. 홈쇼핑과 영화는 준비로부터 성공에 이르는 과정이 너무나 유사해서 공통점을 찾는 것보다 오히려 다른 점을 찾는 것이 어려울 정도다. 구체적으로 무엇이 얼마나 비슷한지 잠깐 살펴보는 것으로 서문을 대신하고자 한다.

홈쇼핑 방송도 영화처럼 완성도 있는 연출이 중요하다. 얼마나 멋진 쇼를 보여주느냐에 따라 대박을 낼 수도 있고 쪽박을 찰 수도 있다. 영화는 모든 편집이 끝난 후에 상영되지만 홈쇼핑은 언제나 생방송이다. 그 특징을 감안한다면 연출력의 중요성은 영화보다 홈쇼핑이 훨씬 크다.

"홈쇼핑은 연출이다!"

홈쇼핑이든 영화든 무엇보다도 작품(제품)이 좋아야 한다. 품질은 기본 중에 기본이다. 좋은 시나리오에서 좋은 영화가 나오는 것처럼, 좋은 물건이 있어야 홈쇼핑이 성공한다. 상품기획이 잘못된 제품을 가지고도 멋진 연출과 마케팅을 통해 무임승차하듯 성공했던 사례는 한 번도 없었다.

영화에는 극장이라는 상영관이 있는 것처럼, 홈쇼핑은 방송을 편성해줄 홈쇼핑사가 있어야 한다. 아무리 작품과 연출이 좋아도 방송의 기회가 없다면 꽝이다. 배급망을 얼마나 폭넓게 확보했느냐가 흥행의 성공을 좌우하는 영화처럼, 홈쇼핑 역시 상품 특성에 부합하는 방송 시간대를 확보한다면 절반은 먹고 들어간다.

영화도 홈쇼핑도 심의를 통과해야 소비자(관객, 고객)를 만날 수 있다. 심의가 엄격하기로 따지자면 영화보다 홈쇼핑이 한수 위라고 할 수 있다. 소비자 안전과 직결되는 상품의 품질에 있어선 거짓이 없어야 하기 때문이다. 홈쇼핑 방송을 준비하는 상품기획자는 각종 심의사항을 무엇보다도 유념해야 한다.

"엄격한 심의를 통과해야 한다!"

극장을 찾는 관객들은 냉정하다. 재미 없는 영화나 감동이 덜한 영화를 칭찬하는 법은 없다. 앞서 본 관객들의 추천과 입소문이 대박의 요건이기에 관객 만족은 최고의 목표가 된다. 홈쇼핑 고객들도 냉정하다. 구매 전에는 각종 검색으로 꼼꼼하게 살펴본다. 구매 후에라도 맘에 안 들면 가차 없이 반품을 한다. 영화든 홈쇼핑이든 만족을 주는 작품(제품)만이 살아남는다.

영화는 감독이 그 성공에 관한 모든 것을 책임진다. 홈쇼핑도 마찬가지다. 누가 기획과 마케팅을 감독하느냐에 모든 것이 달렸다. 회사 내부에서 찾는다면 상품기획자가 감독이고, 홈쇼핑사에서 찾는다면 MD가 감독이다. 상품 전략부터 유통마케팅 전반을 아우르는 감독이 필요하다면 외부에서 영입해야 한다. 분명한 것은 감독의 역할이 없이는 대박을 꿈꿀 수 없다는 것이다.

나는 1993년 이래 할인점, 인터넷쇼핑몰, 홈쇼핑사 등에서 수많은 상품을 기획하고 판매해왔다. 유통마케팅의 전쟁터에서 다양한 상품을 통해 희로애락을 경험했다. 밤 잠 안 자고 먼지구덩

홈쇼핑 판매 불변의 법칙

"팔아도 반품되지 않아야 한다!"

이 속에서 진열대를 짊어지며 리뉴얼 작업도 수행했다. 창고에서 고기를 해근하여 몸이 녹초가 될 때까지 포장하기도 했다. 밤낮은 물론이고 주말이나 공휴일도 없이 매출을 올리기 위해 수많은 날들을 스트레스와 싸웠다. 이러한 경험을 통해 나는 중소기업상담회사인 '엠디글로벌넷'을 창업했고, 강소기업(역량 있는 중소 제조사)을 위한 '유통마케팅 감독'으로서 활동하고 있다.

내가 만난 대부분의 강소기업 CEO들은 이렇게 말한다. "컨설팅 회사는 그럴듯한 말만 늘어놓습니다. 강사들은 통찰력을 강조하며 이론만 부르짖습니다. 마케팅 전문가는 상품에 대한 얘기보다 비용만을 먼저 요구합니다." 왜 그럴까? 그 이유는 간단하다. 그들은 매출을 책임지는 사람들이 아니기 때문이다. 누군가는 성과를 책임져야 한다. 간접적으로 조력하는 데 그치지 말고 기획과 판매를 직접 책임져야 한다. 강소기업을 위한 유통마케팅 감독이라면 그런 역할을 해야 한다고 나는 생각한다.

홈쇼핑 판매를 위한 불변의 법칙에는 두 가지 접근법이 있다.

"책임지는 유통마케팅이 승리한다!"

복잡하게 보는 방법과 간단하게 보는 방법이다. 홈쇼핑 판매를 위한 모든 프로세스를 하나하나 세부적으로 살펴보는 것이 복잡한 방법이라면, 홈쇼핑 판매 환경과 관련된 사람의 관점에서 바라보는 것이 간단한 방법이다. 프로세스도 중요하고 사람도 중요하다. 그래서 나는 이 책을 통해 프로세스(업무의 흐름과 특성)와 사람(고객과 MD) 모두를 이야기하고자 한다.

이 책은 대한민국 홈쇼핑의 주요 히스토리로부터 상품기획, 상품선정, 방송준비, 상품편성, 방송 및 모니터링, 사후관리 등으로 이어지는 주요 프로세스를 상세하게 살펴보고, 제조업체가 반드시 알아야 할 사항들을 다뤘다. 유통채널별 고객들의 유형과 특징에서부터 홈쇼핑사 종사자들의 임무, 특히 MD의 역할과 특징을 살펴보고, 중소기업들이 홈쇼핑 판매 기획을 어떻게 수행해야 하는지 풀어내려고 노력했다. 이 책을 유심히 참고한다면, '냉정한 고객들을 설득하는 법'과 '바쁜 MD들의 마음을 사로잡는 법'에 대한 힌트를 얻을 수 있을 것이다.

"MD를 내 편으로 만들어라!"

경기가 아무리 나빠도 히트상품은 나온다. 아무리 힘든 시절이라도 언제나 대박의 기회는 있다. 영화도 홈쇼핑도 초대형 대박은 하늘이 내리는 것일지는 몰라도, 계획하고 준비하지 않는 회사에게 성공은 우연히 찾아오지 않는다. "영원히 살 것처럼 잘 사고, 내일 죽을 것처럼 다 팔아라!" 바이어 시절부터 가슴에 새기고 있는 나의 좌우명이다. 지금 이 책을 선택한 독자 여러분에게 대박의 축복이 깃들기를 간절히 기원한다.

대한민국 1호 MD코치·유통마케팅 감독,
이상발 드림

언제나 대박의 기회는 있다

홈쇼핑 주요 업무 흐름 및 핵심 체크리스트

홈쇼핑사

목표 관리
☐ 연간 사업계획 수립
☐ 시즌별 목표 관리
☐ 월간 주간 목표 관리

상품 기획
☐ 환경 분석
☐ 시장 조사
☐ 업체 탐색
☐ 업체 상담
☐ 샘플 검토
☐ 상품 확정
☐ 상품 등록
☐ 신상품 선정위원회

상품선정 후
☐ 방송전략 수립
☐ 프로모션 협의
☐ 인서트 의뢰

방송 4개월 전
☐ 판매가 협의
☐ 수수료 협의
☐ 상품구성 1차 확정

입점 ●●●●●●●● **상품선정** ●●●●●●●●

제조 · 공급사

방송 6개월 전
☐ 환경 분석 및 시장 조사
☐ 가치 창조, 아이디어 미팅
☐ 브랜드 전략, SWOT 등
☐ 홈쇼핑용 회사소개 작성
☐ 상품소개서 작성
☐ 방송 콘셉트 기술서
☐ 스토리보드 작성

방송 5개월 전
☐ 샘플, 색상, 소재, 포장 디자인 등 결정
☐ 홍보 마케팅 준비
☐ 지원 판매채널 연계 계획 수립

방송 4개월 전
☐ 샘플 제작 완료
☐ 부자재 체크

방송 3개월 전
☐ 품평회를 통한 디자인 확정
☐ 제조지시, 견적서
☐ 방송 시기 결정
☐ 생산 관리 계획 수립, 스타일 선정

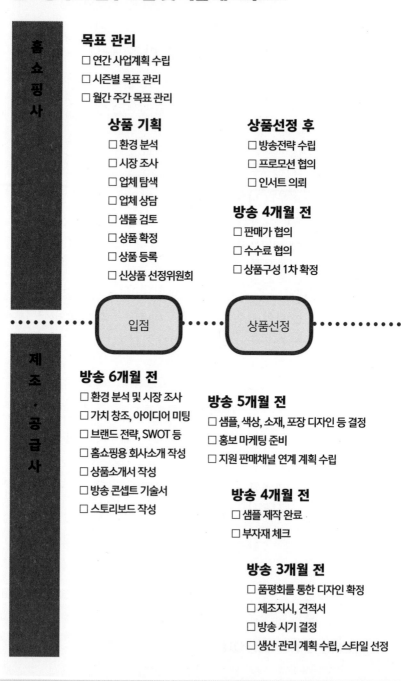

방송 2주 전

- ☐ 편성확정
- ☐ PD, MD, SH 사전 1차 미팅
- ☐ 프로그램 콘셉트 시트 확정
- ☐ 영상심의
- ☐ 상품관련 심의
- ☐ 판넬 심의

방송당일

- ☐ 모니터링
- ☐ 실시간 심의
- ☐ 매출 체크
- ☐ 콜센터 관리

방송 1주 전

- ☐ 상품 물류 입고
- ☐ 직택송 유무 체크
- ☐ PD, MD, SH 확정 미팅
- ☐ 프로모션 확정 물류센터 입고
- ☐ 물류센터 입고일
- ☐ 직배송 체크

사후관리

- ☐ 방송 심의 확인
- ☐ 개선점 체크
- ☐ 전환율 관리
- ☐ 업체 관리

방송편성 → 방송 →

방송 2개월 전

- ☐ 생산수량 점검
- ☐ 협약서 체결
- ☐ QA 사전 현장검사
- ☐ 방송 관련 심의 사전 의뢰

방송당일

- ☐ 무대, 소품, 코디 등 인력 투입
- ☐ 디스플레이 및 판넬 준비
- ☐ 전문 게스트 출연
- ☐ 콜센터 지원

방송 1개월 전

- ☐ 홍보마케팅 실시
- ☐ QA 완제품 검사
- ☐ 사전제작물 제작 미팅

방송+1일차

- ☐ 매출 관리
- ☐ 개선점 체크
- ☐ A/S 관리
- ☐ 다음 방송 유무 결정 및 생산 지시

방송+5일차 이후

- ☐ 소비자 반품 상황 체크
- ☐ 개선안 및 장기플랜 제시

Contents

불변의 법칙 1

ABC부터 시작하라

이 책을 잘 읽는 법 1

처음부터 빠르게 넘기며
눈으로만 가볍게 살펴본다.

프로세스를 정복하라

이 책을 잘 읽는 법 2

차례를 차근차근 살펴 보면서
관심 가는 부분을 생각해본다.

> ### 이 책을 잘 읽는 법 3
>
> 하지만 책을 읽기 시작한다면
> 처음부터 순서대로 읽어나간다.

고객의 본능을 충동질하라

불변의 법칙 **4**

이 책을 잘 읽는 법 4

차례 앞에 있는 '주요 업무 흐름과 핵심
체크리스트'를 떠올리면서 본문을 읽어본다.

이 책을 잘 읽는 법 5

하단에 흐르는 보충 설명은
별도로 읽어나가도 무방하다.

상품 판매전략을 세워라

불변의 법칙 6

이 책을 잘 읽는 법 6

외우거나 공부하듯 읽지는 말고,
엠디 미팅 준비할 때 다시 읽는다.

이 책을 잘 읽는 법 7

법칙 사이사이와 책 후반부에 있는, 홈쇼핑
성공 노트 공간에 나만의 아이디어를 기록한다.

미래를 전망하고 대비하라

불변의 법칙 8

이 책을 잘 읽는 법 8

그래도 풀지 못한 고민이 있다면,
저자에게 문의 메일을 보내본다.

불변의 법칙

01

"홈쇼핑이란 무엇인가?" 따위를

ABC부터 시작하라

"ABC"라고 말하는 것은 아니다

Basics & History

업종은 기타통신판매업,
규모는 메이저 판매회사

홈쇼핑 사업의 ABC

홈쇼핑은 집에서 하는 것?

홈쇼핑이란 이름 그대로 '집(Home)에서 하는 쇼핑(Shopping)'
이다. 하지만 집뿐 아니라 사무실에서, 학교에서, 병원에서도 할
수 있다. TV를 보고 주문한다고 해서 'TV홈쇼핑'이라 부르지만
모바일로, 카탈로그로, 인터넷으로도 할 수 있다. 특히 최근 인
터넷과 모바일의 발달로 홈쇼핑은 더 이상 '홈'에서만 하는 쇼
핑이 아니다.

일반적인 홈쇼핑의 정의, 대한민국 홈쇼핑의 변천사, 홈쇼핑사의 정체성을 알아보는
것으로 이야기를 시작하려 한다. 이 하단의 설명은 별도로 읽어나가도 무방하다.

홈쇼핑의 사전적 정의

가정에서 컴퓨터나 전화 등으로 상품정보를 보고 물건을 사는 것을 말한다. 초기에는 무점포 판매에 의한 통신판매가 주종을 이루었으나 유선방송과 인터넷이 활성화되면서 '온라인 쇼핑' 또는 '사이버 쇼핑'으로도 불린다. 1977년 미국 플로리다 주의 한 라디오방송국에서 상업적인 무점포 판매방식의 쇼핑방송을 시작한 것이 시초이다. 우리나라에서는 1995년 8월 정부 주도로 유선방송이 시작되었다. 국내 최초의 홈쇼핑 상품은 '하나로 만능 리모컨'과 '뻐꾸기시계'였다.

홈쇼핑 사업은 기타통신판매업

소매업은 점포의 유무에 따라 유점포 소매업과 무점포 소매업으로 구분할 수 있다. 유점포 소매업은 규모에 따라 백화점, 연쇄점, 독립소매상 등으로 나뉘고, 무점포 소매업은 통신판매업과 방문판매업 등으로 나뉜다. TV홈쇼핑업체 업자가 하는 일은 방송을 매개로 한 유통업이지만 대한민국의 독점규제법 상, '대규모소매점업 특정불공정거래행위의유형및기준지정고시상'의 대규모 소매점업자에 속한다.

채널 고정!
2001년 1월 1일. 나는 할인점에서의 9년간 바이어 생활을 마치고 홈쇼핑으로 직장을 옮겼다. 처음으로 홈쇼핑 스튜디오를 보았던 그때 그 기억이 아직도 생생하다.

한국표준산업 분류체계도

47 소매업(자동차 제외)

  471 종합소매업

    4711 대형종합 소매업

      47111 백화점

  472 음료식료품/담배소매업

  479 무점포 소매업

    4791 통신판매업

      47911 전자상거래업

        ※예시 : 온라인 판매(제외규정 있음)

      47919 기타 통신판매업

        ※ 예시 : 인쇄물 광고 소매, 카탈로그 소매,

        전화 소매, 우편 소매, TV홈쇼핑

    4799 기타 무점포 소매업

할인점에서는 고객이 원하는 물건을 만지고, 맛보고, 비교하며 구매한다. 홈쇼핑에서는 생방송 스튜디오에서 준비된 동영상 제작물, 디스플레이와 함께 쇼핑호스트의 설득을 통해 판매한다.

우리나라 홈쇼핑사들

TV홈쇼핑은 현재 CJ오쇼핑, GS홈쇼핑, NS홈쇼핑, 롯데홈쇼핑, 현대홈쇼핑, 홈앤쇼핑, 공영홈쇼핑 등 7개가 있다(2015년 기준).

GS SHOP

LOTTE Homeshopping 롯데홈쇼핑

HYUNDAI

홈&쇼핑

NS홈쇼핑

국민의 공영홈쇼핑
 Shopping

홈쇼핑 사업의 특성
유통사업 개념의 변화를 주도함 : 오프라인 → 온라인
무점포 다이렉트 마케팅 : 고정비, 재고비용 절감
온라인 미디어 마케팅 : 다양한 매체, 재미와 편리
정보 마케팅 : 유용하고 다양한 정보 제공, DB 활용

사각형의 카메라 앵글밖은 분주하지만 화면속에 있지 않았고 강렬한 조명과 준비된 순서에 의하여 디테일하게 1번, 2번, 3번 카메라는 각도를 달리하여 방송을 잡아낸다. 화면 속의 영상은 생으로 잡히지 않는다.

대한민국 홈쇼핑 변천사

2015년은 한국 홈쇼핑이 방송을 시작한 지 20년이 되는 해였다. 1995년 국내 케이블TV가 등장하면서 당시 한국홈쇼핑(현 GS홈쇼핑)과 39쇼핑(현 CJ오쇼핑)이 그해 8월 1일 동시에 개국했다. 1996년에는 인포머셜(Informercial)이 시작되었고 대기업이 홈쇼핑 시장에 진출했으며 1997년에 한국홈쇼핑이 LG홈쇼핑으로 명칭이 변경되었다. 그리고 이후 많은 업체들이 승인을 받았다.

홈쇼핑 연보

1995
케이블TV 본방송 실시. 한국홈쇼핑(현 GS홈쇼핑)과 39쇼핑 (현 CJ오쇼핑) 등 2개 채널로 케이블TV홈쇼핑 시작.

1996
인포머셜이 시작되고, 대기업이 홈쇼핑 시장에 진출.

1997
한국홈쇼핑이 LG홈쇼핑으로 명칭 변경.

1998
LG홈쇼핑, 39쇼핑 순익 실현.

뉴스, 다큐멘터리조차도 PD, 카메라, 조명, 음향(디스플레이)감독이 필요하다. 왜 TV화면은 그대로 보여줄 수 없는가? 고객에게 잘 보여야, 매력적으로 보여야 시청률, 즉 채널이 고정될 수 있기 때문이다. 홈쇼핑도 다를 바 없다.

2000

제일제당(CJ홈쇼핑)이 39쇼핑 인수. 통합방송법 제정.
PP의 등록제 실시. 홈쇼핑은 승인제 유지.

2001

3개 홈쇼핑(현대, 우리, 농수산)을 신규로 승인, 신규채널 대거 등장 및 지상파의 PP 진출 본격화.

2002

LG홈쇼핑, CJ홈쇼핑 재승인.

2004

농수산TV, 우리홈쇼핑 재승인. 현대홈쇼핑 조건부(공익사업 부진 사유) 재승인.

2005

LG홈쇼핑, CJ홈쇼핑 재승인.

2006

롯데, 우리홈쇼핑 최대주주 지분 인수.

2007

현대홈쇼핑 재승인, 우리홈쇼핑과 농수산홈쇼핑은 조건부 재허가, 중소기업활성화를 위한 TV홈쇼핑사업자 정책이행 권고사항 공표.

대박매출!
20년간 홈쇼핑의 발전은 채널 고정과 대박매출을 향한 여정이었다.

2008
GS홈쇼핑, CJ홈쇼핑 재승인.

2010
현대홈쇼핑 재승인. 우리홈쇼핑은 중소협력업체 보호 및 상생방안, 고객보호방안 등의 성실한 이행을 조건으로, 농수산홈쇼핑은 농수축임산물 편성비율을 분기별 60% 이상 유지 조건으로 승인.

2011
중소기업 전용 홈쇼핑 방송채널사용사업 대상 법인으로 ㈜쇼핑원 승인. 채널 '홈&쇼핑' 서비스 개시. 해외진출 가속도. GS홈쇼핑 태국 진출. CJ오쇼핑, 일본·베트남·중국 진출. 현대홈쇼핑, 중국 진출. NS홈쇼핑, 중국 진출.

2012
홈앤쇼핑 개국. GS홈쇼핑, 베트남·중국·인도네시아 진출, 국내 최초 3조원 취급고 돌파. CJ오쇼핑, 태국·터키 진출. 롯데홈쇼핑, 베트남 진출.

2013
모바일 쇼핑 약진, 홈쇼핑사 1000억 돌파(취급고 기준).
GS홈쇼핑, 터키 진출. CJ오쇼핑, 필리핀 진출.

채널 고정을 위해서 : 연예인 게스트, 유명 전문가, 특집전, 모델링, 무료체험 서비스, 쇼핑호스트 연출과 인기 채널 쟁탈전.

2014
홈쇼핑사 갑질 논란, 불공정거래 이슈화. 현대홈쇼핑, 베트남 진출.

2015
롯데홈쇼핑 재승인. 홈쇼핑사 T커머스 오픈(현대플러스샵/롯데원티브/드림앤쇼핑). 현대홈쇼핑, 태국 진출. 공영홈쇼핑(아임쇼핑) 개국

히스토리가 ABC?
홈쇼핑 엠디와 말이 통하려면 홈쇼핑 업계의 히스토리, 변천사 정도는 알고 있어야 한다. 알고 있는 정보가 디테일할수록 좋다.

대박매출을 위해서 : 가격설정과 구성, 한정판매, 차별화, 양자택일의 비교광고, 구체적인 설득과 상품평 등의 입소문 마케팅, 각종 긍정과 부정, 이성과 감성, 유머와 과장, 위협과 연상의 소구포인트를 강조하는 고도의 기법이 동원되는 연출의 과정이다.

홈쇼핑사는 방송국이 아니다

홈쇼핑사는 방송을 하니까
유명인과 연예인이 나오니까 방송국일까?
아니다! 홈쇼핑사는 판매 회사다.

**홈쇼핑사들은 TV쇼핑만 하는 것이 아니다.
다양한 사업 시너지 효과를 올리기 위해
카탈로그 쇼핑, 인터넷 쇼핑, 모바일 쇼핑,
T커머스 쇼핑 사업 등을 병행하고 있다.**

온오프라인 종합판매회사라고 생각하라.

한국TV홈쇼핑협회의 설명에 의하면 TV홈쇼핑은 상품소개와 판매에 관한 전문편성을 행하는 방송채널사용사업자로서, 승인받은 사업자가 케이블TV 등을 통하여 상품구매를 위한 정보를 소비자인 시청자에게 전달하고, 소비자는 동 정보를 이용하여 상품을 주문하고 구매하는 형태의 상품 구매방식으로 유통과 방송이 결합된 서비스이다.

이제 홈쇼핑사의 매력있는 동영상은 인터넷쇼핑몰, 모바일, T커머스 등 다양한 판매 채널에 적합하게 편집, 수정되어 고객의 필요 욕구를 자극하고 있다. 1시간 동안 설득하여 못 팔 상품이 어디 있겠는가? 대박을 위해 고객 설득을 위해 치밀하게 준비하라.

Category

TV, 인터넷, 모바일,
카탈로그, T커머스 등

홈쇼핑 플랫폼의 ABC

홈쇼핑사의 사업영역들

홈쇼핑사들은 대부분 TV홈쇼핑, 인터넷 쇼핑, 모바일 쇼핑, 카탈로그 쇼핑 등 4가지 이상의 주요 사업영역을 모두 공략하고 있다. 정보를 전달하는 채널로서 각 사업영역(플랫폼)은 특성과 장단점이 뚜렷하다.

유사상품이 어느 홈쇼핑에서 얼마나 방송하는지, 분당효율은 얼마인지 알아야 한다.

TV홈쇼핑

TV홈쇼핑은 방송이라는 매체의 특성상 동시에 여러 상품을 소개할 수 없다. 홈쇼핑(TV)의 무기는 '시간'인 셈이다. 24시간 동안 편성표에 의해 한 방송에 하나씩 상품을 소개하며 판매한다. 그러다 보니 하루에 24개의 품목 이상을 방송하기 어렵다.

  홈쇼핑 판매를 준비하는 사람이라면, 자신의 상품을 어느 시간대에 방송하는 것이 가장 적합한지 알아야 한다. TV홈쇼핑은 방송시간대가 매출을 좌우한다고 해도 과언이 아니다. 내가 겨냥하는 시청자(소비자)들이 가장 많이 보는 시간대는 언제인가? 내 상품에 맞는 S-TIME(계절, 요일, 시간대)을 노려라!

TV홈쇼핑

구매성향
충동구매

주 연령층
40대 후반

수수료율
35~40%

핵심
시간, S-Time을 잡아라

자신의 상품으로 경쟁상품보다 많은 매출을 올리기 위한 상품기획을 수립해야 한다.

인터넷 쇼핑

인터넷 쇼핑은 시간과 상품의 제약이 없다. 소비자의 자발적인 선택과 검색에 의해 언제든 수많은 상품을 판매할 수 있는 사업 영역이다. 온라인 특성상 손쉬운 가격비교와 타 사이트로의 이동이 수월한 것은 약점이 될 수도 있다. 소비자는 다양한 정보에 유혹을 받고, 수많은 리뷰를 검토한 후에 구매를 결정하게 된다. 인터넷 쇼핑 판매를 위해서는 설득력 있는 정보를 충분히 준비하는 것이 중요하다.

　　최근에는 모바일 쇼핑으로 그 비중이 상당히 이동해가는 추세이긴 하지만 인터넷 쇼핑 채널의 중요성은 여전히 크다. 상품 관련 정보의 베이스캠프 역할을 하기 때문이다. 가장 풍부한 기본 정보와 수많은 콘텐츠와 데이터가 인터넷 쇼핑을 중심으로 여러 채널로 공유되고 있다는 점을 주목하라.

인터넷 쇼핑

구매성향	주 연령층	수수료율
비교구매	30대 후반	20~30%

핵심
메인페이지, 이메일

유통매출 VS. 판매상품수
기업은 생존전략, 성장전략, 경쟁전략의 순환구조를 가지고 있다.
돈을 버는 중소기업은 항상 유통업체의 최초의 시기에 진입하여 큰 성장을 이룬다.

모바일 쇼핑

모바일 쇼핑은 모바일 기기를 통한 인터넷 접속으로 어디서나 상시 쇼핑이 가능한 것이 특징이다. PC기반 인터넷 쇼핑에 비해 '이동성과 즉시성'이 강하다. 시간과 공간의 제약 없이 소비자가 원하는 때와 장소에서 무선인터넷에 접속해 쇼핑할 수 있으며 '앱(어플리케이션)'이라는 모바일 환경에 최적화된 소프트웨어를 통해 접속한다는 장점도 있다.

최근 기사에 따르면 전체 온라인 쇼핑에서 모바일 쇼핑(스마트폰을 통한 상품 구매) 거래액이 차지하는 비중이 50%에 육박했고, 2016년에는 모바일 쇼핑 거래액이 PC를 통한 인터넷 쇼핑 거래액을 추월할 것으로 예상된다고 한다. 이처럼 모바일 쇼핑은 PC 기반의 인터넷 쇼핑을 빠르게 대체하고 있다.

모바일 쇼핑

구매성향	주 연령층	수수료율
간편구매	30대	10~15%

핵심
앱(모바일 애플리케이션)

할인점이 처음 생겼을 때 입점한 업체들은 15%미만의 수수료를 내면서도 고도성장의 과실을 유통업체와 함께 이뤄냈다. 이때의 유통업체는 생존전략상 무조건 매출을 올려야 했고 시장에 납품업체가 적었기에 일부 업체에게 기회가 돌아갔던 것이다.

카탈로그 쇼핑

카탈로그 쇼핑은 TV, 인터넷, 모바일 등 유통채널 다변화에도 불구하고 여전히 성장세다. 50~60대가 주 타깃층인 만큼 고령화 인구 증가에 따른 고객층 확대로 안정적인 시장 구도를 지키고 있다. 소비의 적극성은 젊은 계층에서 두드러지지만 소비력은 오히려 50~60대 시니어 계층에서 더 커지고 있는 것으로 나타났다.

스마트폰의 모바일 쇼핑은 즉시성의 편의를 제공하는 대신 고객이 직접 정보를 찾아야 한다는 불편함을 준다. 매월 고객에게 다가가는 카탈로그는 그 편리함 때문에 시니어 고객들로부터 꾸준한 호응을 얻고 있다. TV홈쇼핑을 통해 구매했던 것을 쇼핑북을 통해서 언제든 다시 구매할 수 있다는 점도 카탈로그의 장점이다.

카탈로그 쇼핑

구매성향
성실구매

주 연령층
50~60대

수수료율
30~35%

핵심
액티브 시니어 고객 집중

인터넷이 처음 생겼을 때는 상세페이지를 이쁘게 만들 수 있는 업체가 매출의 대부분을 가져갔고

T커머스

T커머스는 TV와 상거래(commerce)의 합성어로, 소비자가 인터넷이 연결된 TV와 리모컨으로 원하는 상품을 선택해 제품 설명을 보고, 구매에서 결제까지 해결하는 '데이터방송 홈쇼핑'이다. TV홈쇼핑이 시청자를 상대로 한 개의 상품 정보를 한 방향으로 쏟아내는 반면, T커머스는 쌍방향 정보에 기반을 두어 시청자 주도의 쇼핑을 가능하게 만드는 차세대 쇼핑 플랫폼이라 할 수 있다. 최근 IPTV의 보급과 성장에 힘입어 시장이 급속하게 확대되고 있어, 폭발적인 성장세를 보이고 있다. 기존 TV홈쇼핑은 채널 사용료가 비싸 시간당 3~5억원 정도 매출이 나오는 상품만 방송할 수 있었지만 T커머스는 지상파 채널보다 송출수수료가 낮은 만큼 중소기업 상품에게도 기회가 열려 있는 편이다.

T커머스

구매성향	주 연령층	수수료율
즉석 간편구매	20~30대	30~35%

핵심
인터렉티브한 상품 정보 제공

홈쇼핑이 처음 생겼을 때는 동영상과 방송기획, 그리고 상품물량을 맞출 수 있는 업체가 매출을 가져갔다.

오프라인 할인매장

할인점은 기본적으로 공간을 가지고 판매하는 채널이다. 할인점에 입점할 때는 판매 공간을 미리 알고 조사하여, 적절한 평당 매출을 올릴 수 있는 방안을 세워야 한다. 같은 평수에서 가장 효과적인 판매방법을 기획해야 한다. 할인점은 공간의 가장 효율적인 '앤캡진열(앤드매대진열)'이 중요하다.

인포머셜

방송위원회의 전문홈쇼핑방송채널사업자로 승인을 받지 않은 '일반홈쇼핑사'가 운영하는 상품소개 '광고'를 통상 인포머셜 (Information+Commercial)이라 부른다. TV홈쇼핑은 방송인 반면, 유사홈쇼핑이라고도 불리는 인포머셜은 광고다. 방송위원회의 사전 광고심의 후 종합유선방송이나 위성방송 채널의 일정시간 대를 할당받아 판매 사업을 수행하고 있다. 현재 50~60개 정도가 사업 활동 중인 것으로 추정된다.

지금은 신규업태인 모바일과 T커머스, 플랫폼이 뜨는 추세다. 모바일 화면에 최적화된 정보제공과 T커머스 고객에게 어필할 수 있는 영상 제작 아이디어 적용이 필요하다.

스마트하게 1타 5피를 준비하라!

**홈쇼핑사의 5대 사업영역
즉, TV·인터넷·모바일·
카탈로그·T커머스를 통한
멀티플랫폼 전략으로
'1타 5피'의 효과를 노려라.**

1타 5피 전략은 매우 중요하다. 다만, 각각의 특성과 차이점을 정확하게 인지하지
못하면 수많은 시행착오를 만나게 될 것이다. 두려워하지 말고 스마트하게 도전하라.

Profit & Loss

수수료와 마진의
전쟁에서 살아남아라!

홈쇼핑 손익의 ABC

홈쇼핑 사업의 손익구조

홈쇼핑의 매출과 이익이 어디서 나오는가? 수수료를 알아야 손익구조가 보인다. 각 분야별로 어느 곳의 수수료가 높은지, 낮은지. 홈쇼핑사가 어떤 상품군의 방송시간을 확대하고 있으며, 어떤 상품들의 방송을 줄이고 있는지. 제조공급업체 입장에서도 이런 것들을 정확히 알아야 자신의 상품이 가야 할 방향을 정확히 잡을 수 있다.

유통업체도 수수료가 싸다면 그 이유가 있는 법이다. 매출이 없거나, 상품수가 너무 많아서 입점해도 창고에 처박혀 있어 실제 고객의 눈에는 보이지 않을 것이다. 수수료가 높다는 것은 일단 입점하면, 방송만 되면, 상품이 팔릴 확률이 높다는 것을 의미한다.

홈쇼핑 수수료의 비밀

홈쇼핑 사업은 기본적으로 수수료 비즈니스다. 판매가 일어나고 매출이 생기면 수수료를 떼고 떼이는 장사라는 얘기다. 제조공급업체는 홈쇼핑사에 수수료를 내고(떼이고), 홈쇼핑사는 PP(프로그램 공급자, Program Provider)로서 SO(종합유선방송국, System Operator)라는 송출사에 수수료를 낸다(떼인다). 물론, 품목별로 수수료의 차이는 있다. 수수료의 관점에서만 본다면 송출사(SO)는 홈쇼핑 업계에서 '갑 중의 갑'이다.

홈쇼핑 방송의 먹이사슬

**케이블TV에서는 케이블망 소유자인
지역방송센터를 반드시 거쳐 가야 하므로**

지역방송센터(SO)는 TV홈쇼핑 먹이사슬
가장 꼭대기에 있는 '갑 중의 갑'!

**IPTV와 모바일TV의 증가로 SO의 파워는 줄어들고
있지만, 2~3년 약정 때문에 빨리 변하기는 어렵다.**

47

판매가를 높여서라도 1차 입점하여 브랜드 인지도를 높이는 전략이 필요하다. 수수료는 팔려야 내는 것이다. 입점 때의 수수료가 행사판매 시에도 그대로 적용되는 경우는 거의 없다. 철저한 유통채널별 가격전략이 사전에 이루어져야 하는 이유이기도 하다.

뛰는 홈쇼핑사 위에 나는 송출사(SO)

송출사 역할을 하는 SO 회사들의 수익구조를 보면 홈쇼핑에서 받는 수수료는 전체의 20%가 넘는 비중을 차지한다. 이것이 시청자들이 TV 채널을 돌릴 때마다 홈쇼핑 채널을 보지 않을 수 없는 이유다. 홈쇼핑사는 제조업체에게 35~40%의 수수료를 떼지만, 송출사에게 10%가량의 수수료를 떼인다.

홈쇼핑 채널의 편성

TV홈쇼핑의 방송망을 보면 방송 채널이 지역마다 제각각이다. 지역방송센터가 지역에 따라 다르고, 지역방송센터는 좋은 채널인 5번, 7번, 9번, 11번 사이의 채널에 들어가기 위한 수수료 확대와 영업정책에 따라 채널 편성을 하기 때문이다.

홈쇼핑으로 누가 돈을 버는가?

홈쇼핑 판매에 뛰어드는 제조공급업체는 기본적으로 수수료와 제반비용까지 감당해야 한다. 홈쇼핑을 통해 물건을 파는 것은 수수료만 해결하면 되는 사업이 아니라는 얘기다. 방송을 준비(제작)하고, 물건을 배송하고, 반품 받고, 각종 서비스를 하는 모든 과정의 비용을 감당하고도 수익을 낼 수 있어야 한다.

> **수수료 간단 정리**
> 35~40% : 40%에 가까운 35%이다.
> 10% : 그중 10%가 송출사 수수료다.
> 결론 : 갑은 수수료를 양보하지 않는다.

공급업체 입장에서 본 홈쇼핑 수익 방정식의 딜레마

매출 − 수수료 = 희망 이익

반품 뺀 매출 − 수수료 = 예상 이익

반품 뺀 매출 − 수수료 − 방송제작비 = 실제 이익

반품 뺀 매출 − 수수료 − 방송제작비 − 재고부담금 = 최후 이익

홈쇼핑 수수료는 협상할 수 없다

TV홈쇼핑 수수료율은 35~40% 수준이다. 회사별로 품목별로 세부 상품군까지 정해져 있다. 매우 세부적으로 시스템에 반영되어 있을 정도이다. 처음 거래를 시작하는 중소 제조업체에게는 수수료는 협상의 대상이 아니다. 기준 수수료를 기본 환경으로 받아들이고 상품기획, 상품전략을 수립하는 것이 현명하다.

홈쇼핑에 입점하는 업체 중에서 탁월한 20%만이 최종 수익을 내는 것이 현실이다.
아슬아슬한 중하위 80% 업체가 될 것인가, 상위 20% 업체로 우뚝 설 것인가?

홈쇼핑 성공 노트

불변의 법칙

02

프로세스를 아는 것은 숲을 보는 일.

프로세스를
정복하라

숲을 본 후엔 절대 길을 잃지 않는다!

Group & People
종합판매주식회사의
시스템과 사람들

홈쇼핑사의 구성

승인받아야 할 수 있는 홈쇼핑 사업

TV홈쇼핑사들은 정부의 승인을 받아 방송채널사업을 한다. 상당한 권한과 책임이 함께 따르는 사업이기 때문이다. 홈쇼핑은 타 유통채널과는 달리 강력한 사업의 기회를 보유하고 엄청난 제재를 받는 동전의 양면을 가지고 있다.

수많은 제조공급업체들이 상품을 공급하려고 뛰어들고 있으며 경쟁이 치열한 만큼 늘 갑질 논란과 거래 관련 비리 사건이 터지기 쉬운 업종이다. 책임감 있는 경영을 하지 못했을 경우 심지어 재승인을 받지 못하고 회사를 접게 될 수도 있는 사업이다.

홈쇼핑사가 어떻게 돌아가는지, 기관과 조직 등을 알고 있어야 엠디와 말이 통한다.

홈쇼핑사가 모시는(?) 관련 기관들

정부 승인 사업이다 보니 이를 규율하고 감독하는 기관이 다양하다. 방송통신심의위원회는 방송과 관련하여 방송이 진실한지, 공정한지 등을 심의하여 주의, 경고 등의 징계를 준다. 이는 방송평가와 재승인시 심사점수에 반영된다. 또한 공정거래위원회, 식품의약품안전처, 관할구청, 한국소비자원 등에서도 경고, 과징금, 고발 등의 제재를 가하고 있다. 잘 나가던 상품들도 심의나 기타 단체, 기관 등을 통해 제재를 받게 되면 방송매출이 꺾이고, 더 이상 방송이 안 잡혀 곤란해지는 경우가 많다. 홈쇼핑 관계자 입장에서 각 기관들은 호환마마보다 무서운 존재들이다.

기관명 줄여부르기		
방송통신위원회	→	방통위
공정거래위원회	→	공정위
식품의약품안전처	→	식약처
관할구청	→	구청
한국소비자원	→	소비자원

엠디와의 미팅. 엠디를 처음 만날 때 무엇을 얘기하면 가장 효과적일까?

홈쇼핑사 부서들

홈쇼핑사마다 상품을 운영하는 시스템은 조금씩 다르지만 회사
의 조직은 대략 마케팅부서, 상품기획(운영)부서, QA/심의부서,
제작부서, 콜센터 등으로 이루어져 있다.

> **주요 부서**
> 마케팅
> 상품기획
> 심의
> 방송제작
> 콜센터

엠디 : 뭐든 다 하는 홈쇼핑사의 일꾼

흔히 엠디(MD)로 통칭되는 상품기획자는, 상품이라는 의미인
'merchandise'에 사람을 뜻하는 'er'이 붙어 만들어진 '머천다
이저'의 줄임말이다. 어원에서 미뤄 짐작할 수 있듯이 사람들이
원하는 상품이 무엇인지를 찾아내 상품을 기획·개발하고, 적정
한 가격을 붙여 시장에 유통시키는 일을 하는 사람이다. 홈쇼핑
사의 거의 모든 일을 챙기는 특성을 빗대어 '뭐(M)든 다(D)하는'
사람이라는 의미로 엠디를 지칭하기도 한다. 특히 제조업체 입
장에서 보면 홈쇼핑사 구성원 중에 가장 중요한 사람이다.

내 상품의 장점, 사용방법, 회사소개보다는 매출의 언어로 얘기를 시작해야 한다.

머천다이징의 의미

단순한 상업적 상술적 개념과
기법으로만 인식할 것이 아니다.

소비자 또는 고객에 관한 데이터와 상품정보
및 전반적 마케팅 데이터에 기초하여 상품을
선정, 구매, 가격설정, 배치, 판매, 이익 관리 등을
수행하는 일이다.
즉, 머천다이징은 과학이며,
그 과학에 기초한 지식경영이다.

장사는 누구나 하지만,
엠디는 아무나 할 수 없다.

피디 : 방송 제작부터 마케팅까지 책임

홈쇼핑 방송의 전반적인 준비와 제작을 총체적으로 책임지는
프로그램 디렉터가 프로듀서, 즉 피디(PD)다. 일반 방송의 피디
와 달리 방송 제작과 매출을 이끌어내는 마케팅 능력을 갖춘 사

매일 매일 매출에 쫓기고, 매일 실적회의를 할 수밖에 없는 엠디의 머릿속에는 '방송
매출'을 올리는 것에 온 신경이 가니, 매출의 언어로 이야기하는 것이 훨씬 효과적이다.

람들이다. 생방송을 진행하는 라이브 피디와 SB(Spot Broadcast) 및 사전제작물을 제작하는 사전제작 피디가 있다. 홈쇼핑 피디의 가장 큰 역할은 역시 생방송 매출 극대화에 있다.

쇼핑호스트 : 홈쇼핑의 꽃, 방송의 얼굴

쇼핑호스트(Shopping Host)는 프로그램의 주인이자 홈쇼핑 방송의 얼굴이다. 방송 상품에 대한 적절한 정보 제공과 특장점 소개를 책임진다. 방송을 보는 고객들에게 상품을 쉽고 정확하게 전달하기 위해 많은 노력을 기울인다. 방송 준비 단계부터 방송 진행, 사후관리 시점까지 피디, 엠디 등과 동선을 함께한다. 기본적인 방송 스킬 이외에 상품에 대한 전문적인 지식과 마케팅 능력을 겸비한 사람들이다.

심의 담당자 : 홈쇼핑의 엄한 시누이

각 회사들은 심의팀(국)을 별도로 두고 자체심의를 한다. 방심위 등의 제재를 받지 않기 위한 노력이다. 좋은 콘셉트로 다양한 연출을 통해 막대한 비용을 들여 방송을 만들어놓고도 심의 가이드라인에 걸려져, 위험하다거나 방송노출이 어렵다는 이유로 사전에 삭제되는 경우가 허다하다. 특히 이미용, 건강기능식품 등 효능효과를 강조해야 하는 상품들은 더욱 엄격한 기준을 가지고 심의하는 편이다.

59

내 상품이 방송만 타면 대박을 낼 수 있다는 확신을 줘야 한다. 타 부분의 매출 실적이나 매출을 낼 수 있는 기획, 매출을 낼 수 있는 기발한 프로모션 등으로 엠디에게 다가가라.

콜센터 담당자 : 고객을 위한 준비된 목소리

홈쇼핑의 콜센터 업무는 크게, 생방송 중 고객의 상품 주문을 신속하고 정확하게 수주를 하는 주문 상담과 단순 배송, 불친절, 상품 클레임 문의 등을 처리하는 CS 상담으로 나뉜다. 자체 판매를 하는 제조공급업체의 콜센터나 인포머셜 콜센터와는 달리 홈쇼핑사의 콜센터는 고객의 반품 및 환불 요구를 거의 조건반사적으로 무조건 수용하는 편이다. 안타깝지만 이는 곧 제조업체의 비용이나 재고부담으로 돌아오게 된다.

방송을 하면 브랜드 홍보는 되니까 '밑져야 본전'이라고 생각하는 것은 큰 오산이다.

엠디 의존증 극복법

**엠디의 역할이 아무리 막중해도
엠디는 TV홈쇼핑사의 일원일 뿐이다.**

**엠디 의존도가 높을수록
위험부담은 커진다.**

**유관부서 인맥 포트폴리오를
적극 관리하라.**

**홈쇼핑사의 다양한 정보를
크로스체크해야 한다.**

대박을 낼 수 있다는 강력한 신념만이 엠디를 움직일 수 있다!

Process

목표관리와 상품기획으로부터
시작되는 업무들

홈쇼핑 업무 프로세스

주요 업무의 흐름

홈쇼핑사의 업무는 회사마다 조금씩 차이가 있긴 하지만 크게
다음과 같이 흘러간다.

**목표 관리 > 상품 기획 > 상품 선정 > 방송 준비 >
상품 편성 > 방송 및 리뷰 > 보완 및 사후관리**

각 단계를 지칭하는 표현이 조금씩 다를 수는 있어도 기본적으
로 하는 일에는 크게 차이가 없다고 보면 된다.

2000년초 당시에는 홈쇼핑 매출이 1분에 100만원만 넘어도 대박이었다.

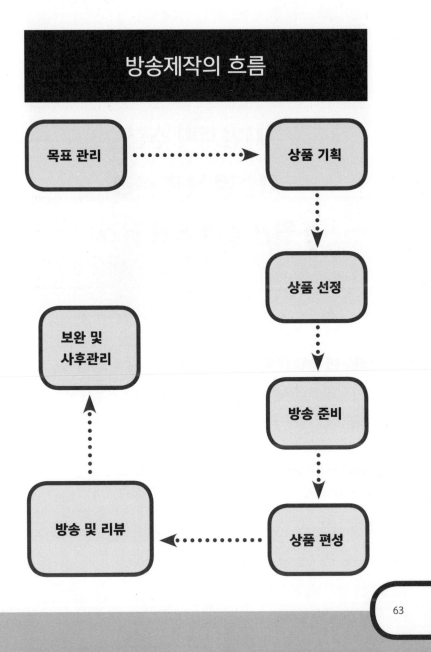

방송제작의 흐름

목표 관리 ······▶ 상품 기획

상품 선정

보완 및
사후관리

방송 준비

방송 및 리뷰 ◀······ 상품 편성

63

하지만 요즘 홈쇼핑사들의 분당 매출 목표는 400~500만원이다.

목표 관리

사업계획 수립
시즌별 목표 관리
월간 주간 목표 관리

업무의 출발은 목표 관리

모든 회사가 그렇듯 홈쇼핑사도 목표 관리가 업무의 시작점이
된다. 목표가 없다면 행동도 없을 것이다. 엠디를 비롯한 홈쇼핑
사의 구성원들은 모두 목표를 향해 수단과 방법을 총동원하게
된다.

시간은 24시간인데 매출이 두배 이상 신장할 수 있었던 것은 그만큼 방송의 연출과
판매기법이 고도화되었기 때문이다. 상품 평균단가도 3만원대에서 7만원대 이상으로
두 배나 높아졌다.

상품 기획

환경 분석
시장 조사
업체 탐색

큰 계획은 경영진, 세부 계획은 엠디

대형유통 차원의 사업계획은 경영진으로부터 지시받아 수행한다. 연간사업계획 하에서 엠디는 시즌별 목표와 분기, 월별, 주별 목표로 할당하여 세부적인 성과 관리에 들어간다.

> **엠디 역할의 본질**
> 엠디는 이익의 종류를 이해하고,
> 이익 계획 방법을 실행하는 사람이다.

매출 목표가 높아졌다는 것은 상대적으로 대내외적 환경분석과 시장조사,
경쟁사 분석 등 방송업체에서 더 많은 준비와 더 많은 노력을 요구한다는 것이다.
고객에게 어필할 수 있는 트렌드와 상품 구성의 중요성 또한 커졌다.

상품 선정

업체 상담
샘플 및 서류 검토
상품 확정
상품 등록
QA 및 구매 절차 점검
신상품 선정위원회

상품 등록과 구매절차 점검

제조업체의 상품정보가 홈쇼핑사 시스템으로 접수되는 과정이
다. 구매를 위한 논의가 본격화된다. 사전 품질검증(QA) 과정도
이때 진행된다. 엠디 외의 담당자들도 만나게 되는 과정이다.

대부분의 모든 온라인, 오프라인의 유통회사의 상품 입점 절차는 자사 홈페이지 하단의
회사소개 부분에 "입점하기" 코너를 개설하여 운영하고 있다. 투명 경영, 투명한
입점 시스템을 통하여 사전에 입점 비리, 특혜 등을 차단하자는 취지에서다.

방송 준비

전략 수립
프로모션 협의
인서트 의뢰
콘셉트 시트 작성

성과 부진한 엠디에게 내일이란 없다

엠디에게 주어지는 당근과 채찍은 명확하다. 성과를 내면 보상
이 주어지지만 그렇지 못하면 1년도 채우지 못하고 분기 실적
평가만으로 쫓겨나는 일도 다반사이다. 분위기가 그렇다 보니
배려심, 이해심, 협동, 상생과 같은 아름다운 단어가 희소해진다.

오프라인 1대1 상담을 하더라도 온라인 입점을 통하여 데이터가 남는 절차를 반드시
따르도록 하고 있다. 그러므로 상품소개서와 회사소개서는 차별화되고, 방송에 맞는,
디테일한 작성이 중요하다. 상품소개도 이제 유통채널별로 달라야 한다.

상품 편성

편성회의 (팀별)
상품 POOL 등록
편성 확정 (주간)

상품기획은 엠디의 핵심 업무

상품기획은 엠디가 하는 업무의 모든 것이다. 반대로 엠디가 하는 모든 일은 상품기획과 관련이 있다고도 말할 수 있다. 회사마다 엠디의 소속부서를 상품기획팀, 상품개발팀, 상품영업팀 등 다양하게 부를 수는 있지만 결국 하는 일은 모두 상품기획이라는 말로 귀결된다.

홈쇼핑 매출 실적은 모두에게 공개된다고 봐도 무방하다. 홈쇼핑사끼리 매출이 얼마가 나왔는지 물어보는 것은 "오늘 식사하셨어요?" 하고 물어보는 것과 같은 수준이다.

방송 및 리뷰

방송 전략 회의

생방송

방송 모니터링

방송 리뷰

분석 조사 탐색이 곧 상품기획

상품기획을 위해 엠디는 환경을 분석하고 시장조사를 한다. 그 결과를 가지고 경쟁력 있는 업체들을 탐색한다. 삼박자가 잘 맞아떨어져 좋은 제조업체를 입점시켜 소비자를 만족시킬 만한 상품을 판매하는 것이 엠디의 임무다.

첫 론칭 시 매출이 대박나면 모두들(모든 홈쇼핑사가) 환영하고, 첫 론칭 실패 시에는 모두들 외면하는 것이 홈쇼핑 업계의 현실이다.

> ## 보완 및 사후관리
>
> # 고객CS 대응
> # 방송심의 처리
> # 전환율 관리
> # 업체 관리

업체 상담은 상품 선정의 전초전

상품기획 프로세스는 엠디와 업체 간의 상담으로 이어진다. 엠디는 홈쇼핑사를 대표하여 상품기획 전반을 책임지는 사람이지만 혼자서 모든 일을 다 할 수는 없다. 회사의 협업부서나 협력자들과 함께 최선의 결정을 하기 위해 상담을 통해 많은 정보를 흡수하려 노력한다.

홈쇼핑 소비자 만족의 첫 번째는 무엇일까? 품질, 가격, A/S, 맛, 견고성?
아니다! 첫 번째 소비자 만족의 대상은 방송 연출이다.

홈쇼핑 QA팀의 관리 기준

홈쇼핑사에서 QA와 구매 업무는 함께 작동한다. 품질평가를 통과하면 구매로 연결되기 때문이다. 공급업체가 제출한 상품기술서와 증빙서류를 검토한 후 상품 샘플을 가지고 테스트를 해본다.

QA팀 품질평가항목은 종합품질관리를 위한 것

품질은 크게 종합품질과 개별품질로 나뉜다. 종합품질은 포장이나 외관까지 포함하는 상품 전체를 보는 것이고 개별품질은 말그대로 품질 그 자체만 보는 것이다. 홈쇼핑사 QA팀의 품질평가에서는 종합품질을 본다.

품질을 체크하는 항목은 여러 가지가 있다. 실질적으로 품질검사를 할 때는 외부요소보다는 내부요소를 확인한다. 그중에서도 객관적 요소를 중점적으로 본다.

QA팀 업무
상품기술서 검토
증빙 서류 확인
상품 샘플 확인
상품 TEST
업체 상담
포장상태 점검
업체 실사
사후 관리

71

방송 연출상의 만족을 줄 수 없다면 다음 단계의 만족 또한 줄 수 없는 것이다.
방송 연출의 아이디어는 절박한 사람만이 낼 수 있다. 즉, 바로 당신!

품질평가 요소 유형

내부요소

성상인자 : 치수량, 원료성분, 형태형식구조, 기타 성질
결점인자 : 흠, 오손, 변형, 변질, 부패
성능인자 : 강도, 탄력성, 내구도, 효율, 통기성, 수축률, 영양가,
　　　　　 내수성, 발수성, 내연성, 운반성, 보존성 등
　　　　　　　　　　　　　　　　　= 이상 객관적 요소

감각인자 : 색채, 촉감, 음색, 신선감
　　　　　　　　　　　　　　　　　= 준객관적 요소

기호인자 : 디자인, 스타일, 색상, 무늬, 유행성
　　　　　　　　　　　　　　　　　= 주관적 요소

외부요소

시장적성인자 : 포장, 내장, 상표, 라벨, 광고, 산지, 가격보존성
　　　　　　　 등 경제적 측면(비용)
　　　　　　　　　　　　　　　　　= 객관적+주관적

제작은 피디가 하고 콘셉트는 엠디가 잡는다 하더라고, 적어도 제조공급업체는 일단
방송이 전체적으로 어떻게 흘러가면 좋을지에 대한 초안을 제시할 수 있어야 한다.

엠디는 검토하고 또 검토한다

상담을 통해서 얻은 정보와 함께 요청해서 받는 샘플과 서류를 가지고 엠디는 검토를 거듭한다. 공급업체의 소개와 샘플이 차이가 없는지, 서류와 증빙에 이상은 없는지 검토하는 것이다. 때로는 회사의 유관부서들과 그 내용을 공유한다. 이 과정 때문에 공급업체는 상품 선정 및 확정까지의 기간이 무척이나 길게 느껴질 수밖에 없다.

드디어 상품 확정 단계로

안심하기엔 아직 이르다. 엄밀하게 말하면, 상품 확정은 완전한 결정이 아니라 과정이다. 홈쇼핑 업무 프로세스는 언제든 문제가 발견되면 중단되거나 처음으로 돌아가기 때문이다. 하지만 검토 단계를 지나왔다는 점에서는 분명한 진전이다. 상품 확정은 신상품선정위원회 또는 최종품평회를 거치기 전까지는 진짜 확정이 아니다. 1차, 2차 확정 또는 3차 이상의 회의를 거치는 경우가 많다.

> 품질구조는 **종합품질**(상품전체)과 **개별품질**(품질특성)로 구분된다.

피디, 쇼핑호스트, 엠디 등은 수많은 상품 중에 좋은 상품만 있으면 되지만 나에게 내 상품은 처음이자 끝이다. 엠디는 몰라도, 당신은 자기 상품으로 성공해야 한다.

견적업무의 체크 포인트

견적서 제출

견적 검토

거래조건 제시

상담

신상품선정위원회 또는 최종품평회

신상품선정위원회(최종품평회)는 상품 선정과 확정을 좀 더 투명하고 공정하게 실시하기 위한 의사결정 과정이다. 이때 참석하는 사람들은 엠디 외에 심의팀을 비롯한 방송 관계자 대부분이다. 횡령이나 납품비리 등 폐단을 방지할 수 있어 거의 모든 회사들이 도입하고 있다.

적어도 어느 방송시간이 효율이 좋은 것인지 정확히 알 필요가 있다.
홈쇼핑사는 방송시간대별 등급을 매겨 시간당 목표 관리를 하고 있다.

상품 확정에서 방송 준비 단계로

상품이 확정되어 방송 준비가 시작되면 엠디는 업체와 프로모션(상품 추가구성, 사은품, 무이자할부 개월수 등)을 협의하기 시작한다.

가격 책정

방송 매출 목표가 높아지고 있다. 1시간당 평균 3억 원을 목표로 하는 실정이다. 이에 따라 상품의 가격대도 기존의 3만 원대에서 평균 7만 원대로 높아졌다.

가격은 어떻게?
엠디의 가격 지식을 통해 판매 전략에 따라서 결정.
- 기본가격 : 관습가격, 고가가격, 저가격, 추종가격
- Zone별로 구분 : 최상 가격, 좋은 가격
- 상식적인 가격 / 인기가격 / 싼 가격

목표가 높다는 것은 결국 좋은 시간대라는 것이고, 이것을 광고 개념으로 접근하면 비싼 시간대인 것이다.

쾌적하게 보이는 가격설정법

PRICE LINE을 정리한다
9개 종류의 가격이 있는 칫솔이라면
3개 수준으로 판매가를 정리하여
고객이 쉽게 구분할 수 있게 집약한다.

PRICE POINT를 활용한다
잘 팔리는 가격대가 프라이스 포인트이다.
잘 팔리는 프라이스 포인트 상품수는 늘리고
안 팔리는 가격대의 상품수는 줄여나간다.

PRICE RANGE를 지킨다
설정한 가격의 폭을 지킨다.
슈퍼에서 명품을 파는 것은 고객에 대한
가격 폭력이다.

정액으로 돈 주고 방송시간을 사는 것이 아니라면, 기왕이면 좋은 시간대에
시청률이 높고, 재핑(채널을 돌리는 것)이 많은 시간대를 엠디에게 요구하라.

상품 편성

상품 편성 과정에서 담당 엠디가 회사 내부에서 힘이 없으면 좋은 시간을 따는 입찰에 밀리기도 한다. 항상 신상품은 편성의 찬밥이 되기 쉽다. 잘 나오는 기존 상품의 편성이 끝나고, 치열한 경쟁 속에서 신상품의 시간대 확보 싸움이 시작된다. 시간대를 잘 찾아가느냐 못 찾아가느냐에 따라 신규 론칭이 마지막 방송이 되기도 하고, 대박의 기초가 되기도 한다.

편성회의는 엠디 파워의 시험대

엠디가 현재 방송 잘 나오는 상품을 가지고 있다면 '말발'이 좀 서지만, 성과가 신통치 않았다면 좋은 방송시간을 따기가 쉽지 않다. 담당 엠디를 잘 만나는 것도 천운이다. 홈쇼핑사 엠디만큼 보직이 많이 바뀌는 곳도 없을 것이다. 내가 팀장으로 있을 당시의 팀원들 대부분은 지금 거의 그곳에 없다. 선택의 여지가 없지만, 제조업체가 믿고 의지할 상대로 보기에는 그 만큼 엠디의 자리가 불안하다는 얘기다.

방송 전략회의

편성이 결정된 후에도 회의는 계속된다. 이 시기의 회의는 방송 전략회의이며 통상 D-3일을 기준으로 실시된다. 이미 방송의 콘셉트가 확정되어 있고 방송물 제작 등이 완료된 상황이지

왕창 망가지는 상품의 대부분은 재핑 효과를 아예 받지 못했거나 고객이 거의 들어오지 않는 시간이었을 확률이 높다.

만 함께하는 파트너들의 열정이 채워지는 일이 남았다. 이 과정에서 제조공급업체 담당자는 열정적이고 신뢰할 수 있는 모습을 보여주는 것이 중요하다. 아무리 바쁜 엠디, 피디, 쇼핑호스트라도 그 모습에 전염될 수 있도록 열심히 뛰어야 한다. 매일매일 다양한 상품 속에서 매출에 목매며 사는 그들에게 영향을 주는 것은 로비가 아니라 열정이다.

생방송 모니터링

생방송을 하는 홈쇼핑사에는 생방송 모니터링실이 따로 있다. 실시간 심의를 하기 위한 방이다. 순간적으로 지나가는 쇼핑호스트의 멘트, 피디의 연출을 모니터한다. 또 사전심의 때와는 다른, 위험하거나 저속한 표현(허위, 과장, 비방 등)을 실시간으로 체크하여 시정, 정정, 금지시킨다.

방송 리뷰

방송 후 피디, 엠디, 쇼핑호스트가 모여 리뷰를 실시한다. 매출을 더 올리기 위해, 또는 방송 매출이 저조한 이유를 파악하기 위해서다. 리뷰 후 개선사항이나 좋은 아이디어가 있으면 의견을 교환한다. 또 사은품이나 구매 조건 등을 논의하여 다른 방송에 적용하기도 한다. 제조공급업체 담당자가 이 회의에 참석하는 경우도 있고, 하지 않는 경우도 있다. 가능하다면 참석해서 미래를 위한 밑거름으로 삼자.

김일성 사망, 이라크 전쟁, 911사태 등 빅뉴스가 하루종일 나올 당시엔 그날 론칭한 상품들은 여지없이 매출이 반토막 났다. 6개월 준비하여 론칭한 회사의 주요 상품이 편성된 날의 운명이 바뀌는 바람에 대거 날아가버린 안타까운 경험이었다.

필립 코틀러의 상품구성 3요소

제품의 핵심
제품을 구입함으로써 구매자가 얻는 이익

제품의 실체
상표명, 디자인, 포장, 품질 등을 포함한 상품 자체

제품의 부가기능
서비스, 설치, 보증, 배달 등

**이는 감성, 신뢰성, 보상성,
관습으로까지 증폭된다.**

요즘 현대 사회에서는 돈이 없지, 물건(상품)이 없는 것이 아니다. 고객의 욕구 또한 다양화됨으로써 정확한 타깃 설정과 집중화 전략이 요구된다.

고객 CS 및 방송심의 처리

방송이 끝나도 끝난 게 아니다. 고객의 문의나 반품, 불만 등을 처리해야 한다. 생방송 중 방송심의에 걸리는 일이 발생했다면 이 또한 신속하게 대응해야 한다. 이때 홈쇼핑사와 공급업체는 함께 협조하여 무조건 신속하게 대응하는 것이 중요하다.

실적 평가

모든 공급업체의 실적은 단지 매출만이 아니라 공헌이익으로 최종 평가된다. 손익의 관점에서 보면 매출액에서 총비용을 뺀 것이 영업이익이다. 총비용은 고정비와 변동비로 구성되는데, 이때 매출액에서 변동비만을 뺀 것을 공헌이익이라고 한다.

변동비는 카드수수료, ARS 부담 비용, 택배비, 반품률 등 상품 하나를 팔 때마다 들어가는 비용을 뜻한다. 이 변동비를 줄여야 공헌이익이 늘어난다.

보통 실적을 말할 때 매출액만을 가지고 이야기하지만 엠디를 만나 상담을 할 때 공헌이익에 대한 이야기하게 되면 훨씬 전문적인 느낌을 전달하여 좋은 인상을 줄 수 있다.

전환율 관리

전환율은 굉장히 중요하다. 특히 공급업체 입장에서는 전환율이 70% 미만이 될 경우 반품이 많은 것이므로 앞에선 남고 뒤로는

상품의 실체보다는 부가기능인 제품 스토리, 자부심, 긍지, 서비스, 보증, 인증, 차별화 포인트, 추천 등이 구매욕구를 높이는 데 더욱 효과적이다.

손해보는 결과가 된다. 타 유통채널에 판매경로를 미처 구축하지 못하고 홈쇼핑에만 '올인'하여 방송했을 경우를 생각해보자. 3억 원의 매출을 올렸는데 30%인 9천만 원이 반품되었다면 그 비용은 고스란히 재고로 남는다. 사전에 유사상품군의 전환율이 몇 %나 되는지 알아보고 그에 따른 생산계획과 판매계획을 세워야 한다.

전환율 계산법

전환율은 고객이 홈쇼핑 상품을 주문한 후 취소나 반품한 것을 제외한 실제 구매 비율을 말한다.

전환율 =
(1 - 반품취소량/주문량) X 100

만약 전체주문량이 100개,
반품 및 취소량이 20개일 때
전환율은 80%이다.

기발한 발상의 전환으로 대박을 낸 상품들은 제조공급업체에서 방송 제작 콘셉트를 제공한 케이스가 많았다. 아이디어도 뜨거운 애정에서 우러나오는 법이다.

전환율의 아이러니

전환율을 홈쇼핑사 입장에서 생각해보면 제조업체와는 약간 다르다. 반품과 재고의 문제는 제조업체 책임이므로 홈쇼핑사는 리스크는 있지만 손해가 막심해지는 것은 아니기 때문이다. 오히려 그보다 더 중요한 것은 고객만족이라 할 수 있다. 그래서 변심이든 상품에 대한 불만이든 묻지도 따지지도 않고 고객이 요청해오면 콜센터를 통해 친절하게 반품을 접수해준다. '일단 주문해서 써보고 얼마든지 반품할 수 있다'고 외치는 홈쇼핑사의 친절한 서비스는 고객만족도를 높여주지만, 반면에 전환율 '관리'가 아니라 전환율 '하락'의 요인이 될 수도 있다. 아이러니가 아닐 수 없다.

인포머셜의 전환율 관리

전환율 관리를 잘하는(?) 인포머셜은 소비자가 한 번 반품하려면 심한 경우 몇 십 분을 콜센터와 통화해야 한다. 그러다 보니 서비스 차원에서는 소비자에게 외면 받는 경우가 많지만, 제조업체에게는 고마운 콜센터이다. 전환율을 높여주니까 말이다.

예전에 한번은 스포츠용품을 판매했다가 나사에 불량이 발생했다. 그때 전제품을 리콜 처리한 홈쇼핑사의 덕분(?)으로 수입제조회사는 결국 부도가 나고 말았다.

협력업체 관리

여기서 홈쇼핑사가 말하는 '협력업체'란 제조공급업체를 말하는 것이다. 그러니까 이 책의 독자인 당신의 회사일 수도 있다. 좋은 상품을 가지고 훌륭한 기획, 제작을 하여 성과를 냈다면, 게다가 전환율도 적절해서 매출 규모와 수익성에서 만족한 결과였다면 계속해서 방송의 기회를 얻게 된다. 모니터링과 리뷰와 상품에 대한 사후 평가 등을 통해서 좋지 않은 평가를 받았거나 전환율이 매우 낮아 우려되는 결과를 얻고 말았다면, '불량 협력업체'인 공급업체는 적극적으로 '관리'되고 말 것이다. 모든 것은 성과가 말해준다.

홈쇼핑사의 Follow Up

고객CS 및 방송 심의 처리

전환율 관리

협력(제조공급)업체 관리

홈쇼핑에서의 품질 관리는 고객을 위한 것이 아니라 결국 제조업체를 위한 것이다.
품질은 매출을 올리기 위한 필수 요인일 뿐만 아니라 사업지속을 위한 필수 요인이다.

홈쇼핑 성공 노트

_____

_____

_____

_____

_____

_____

_____

_____

_____

_____

_____

_____

_____

_____

_____

_____

_____

불변의 법칙

03

상품의 흐름, 정보의 흐름,

흐름을
장악하라

업무의 흐름, 의사결정의 흐름...

Logistics
물건의 흐름과 정보의 흐름이
만드는 서비스

홈쇼핑 물류와 배송

홈쇼핑 사업의 흐름

제조업체(또는 해당 상품의 전문 유통업체)가 홈쇼핑사에 상품을 공
급 → 홈쇼핑사는 상품 소개 프로그램을 제작하여 송출사로 보
냄 → 송출사는 지역의 케이블 채널 등 네트워크를 통하여 방송
→ 소비자는 방송을 보고 전화를 통해 주문 → 홈쇼핑사는 출하
를 지시 → 택배사가 상품을 배송하는 것, 이것이 홈쇼핑 사업의
흐름이다. 인터넷 및 카탈로그 쇼핑 등도 상품 소개 매체만 다를
뿐 사실상 대동소이한 흐름으로 진행된다.

홈쇼핑 비즈니스의 물류와 배송 프로세스에서 전략을 발견한다.

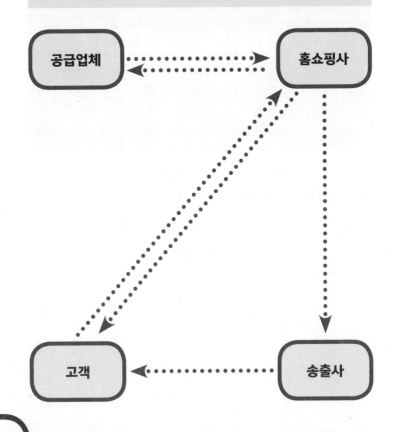

홈쇼핑 사업

정보의 흐름

공급업체 ⟷ 홈쇼핑사

고객 ← 송출사

물류는 비용절감과 고객 서비스 향상이라는 두 가지 목표를 가지고 있다.
홈쇼핑 물류 납품은 방송을 위한 비용절감의 측면이 첫 번째 목표다.

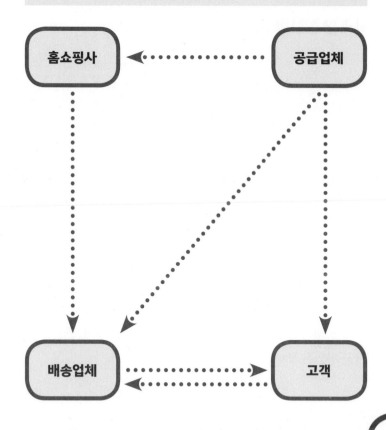

흐름도

상품의 흐름

신속, 정확, 재고보유 등 고객서비스 향상 측면이 두 번째 목표인데, 인터넷 IT시대 회사전략의 공급망 관리 측면에서 볼 때는 고객접점 확보가 무엇보다 중요하다.

홈쇼핑 물류의 구조

시스템 구조를 자세히 들여다보라. 제조업체는 상품을 누구에게 공급하는가? 구매고객이 아니라 홈쇼핑사에 공급을 한다. 고객은 누구를 상대하는가? 상품을 만들어 제공하는 제조공급업체가 아닌 홈쇼핑사를 상대한다.

홈쇼핑 정보의 흐름

고객의 정보는 누가 가지고 있는가? 고객은 누구를 기억하는가? 모든 정보는 홈쇼핑사에서 가져간다. 고객은 홈쇼핑사를 기억한다. 고객은 결국 공급업체 브랜드는 기억 못 하고 홈쇼핑 브랜드만 기억하게 된다.

흐름을 장악해야 성공한다

홈쇼핑 판매 프로세스에는 물건의 흐름도 있고, 정보의 흐름도 있다. 여기서 정보란 판매 정보와 고객 정보를 말한다. 물건의 흐름만 보는 사람은 하수다. 정보의 흐름까지 파악하고 있다면 중수다. 물건과 정보의 흐름 모두를 장악하고 주도할 수 있어야 진정한 유통마케팅의 고수다. 어떻게 하든 정보와 물건의 흐름 속에서 자사의 브랜드를 고객에게 각인시키는 것이 중요하다. 결국 사업은 브랜드를 심는 장사이다.

중국 제조업체 샤오미가 생산라인과 판매조직을 없애더라도 핵심 조직인 소프트웨어 개발, 디자인, 공급망 관리를 통하여

홈쇼핑사의 물류 단계들

물류 1단계 : 상품공급 관리

**업체 계약 관리 → 방송판매수량 통제 →
공급사 발주/대금정산**

물류 2단계 : 물류센터 운영

입출고 관리 → 재고 관리 → 작업생산성 관리

물류 3단계 : 배송 및 서비스 관리

**택배 계약 관리 → 택배 사고 관리 →
택배사 서비스 평가 관리**

홈쇼핑 물류의 포인트

핵심은 체계적인 재고 관리를 통한 비용절감, 정확성, 안전성, 신속성에 중점을 두고 경쟁우위를 확보하는 것이다. 궁극적으로 는 철저한 배송 시스템 구축으로 배송 불만을 최소화해나간다.

인터넷판매 및 고객의 소리에 귀를 기울여가며 성공한 사례는 우리 중소기업들에게 시사하는 바가 크다.

배송방법에 따른 물류 프로세스

당사배송

공급업체의 상품을 홈쇼핑사의 물류센터로 입고시킨 다음 출하, 배송하는 시스템을 말한다. 가장 일반적인 배송방법이다. '당사배송'은 택배가 가능한 상품으로 물류센터 입고를 통한 출고 과정을 거치며 입고 검사 및 홈쇼핑사 주계약 택배사를 통한 배송/회수 서비스를 수행하는 프로세스이다.

직택배

공급업체의 창고에 있는 상품을 홈쇼핑사에서 출하, 배송하는 시스템이다. 공급업체는 상품을 홈쇼핑사에 보낼 필요가 없고 홈쇼핑사에서 배송 데이터를 관리한다. '직택배'는 업체 배송의 편리함과 물류센터 입고/배송관리 서비스의 정확성을 결합한 배송체계이며, 긴급배송 처리에도 활용하고 있다.

나는 2002년에 메모리폼 베개를 론칭하여 1년 넘게 히트시킨 일이 있었는데
나중에 그 상품은 자취를 감추고 말았다. 브랜드가 홍보되지 않았기 때문이다.

업체배송

공급업체에서 모든 출하, 배송을 책임진다. 홈쇼핑사에서는 공급업체에 배송 데이터만 넘긴다. 설치배송품 및 업체의 특성상 업체가 직접 배송관리를 해야 할 경우 업체배송을 운영한다. 배송/회수 정보의 정확성/신속성이 낮은 편이다.

배송방법 선택

홈쇼핑 상품의 대부분은 신속한 배송과 재고관리를 위해 당사 배송을 원칙으로 한다. 창고를 갖춘 신뢰성 있는 공급업체에 한해 직택배를 하는 경우도 있지만 일부에 불과하다. 가구나 설치가 필요한 상품 등 특수한 경우에는 업체배송을 실시한다.

홈쇼핑사 배송방법
당사배송
직택배
업체배송

인기 있는 브랜드, 고객이 알고 있는 브랜드는 방송 시 쇼핑호스트가 계속 외쳐주지만, 고객이 모르는 중소기업의 브랜드는 시간 관계상 생략한다. 제품 소개하기도 바쁘다.

홈쇼핑 판매의 주체

고객은 결국 홈쇼핑사만을 기억한다.

고객정보는 홈쇼핑사만이 가지고 있다.

반품 환불 A/S 책임

고객이 구매한 제품의 반품 · 환불 · A/S는 누가 해주는가? 실제로는 공급업체가 반품 · 환불 · A/S를 책임진다. 하지만 고객은 홈쇼핑사가 해준다고 생각한다.

제조업체인가 공급업체인가?

홈쇼핑 판매는 고객의 평생가치와 평생구매의 로열티는 결국 홈쇼핑사에서 가져가는 구조이다. 제조업체는 그저 스쳐 지나가는 공급업체로서, 고객과의 지속적인 인연을 만들지 못한다. 양동이에 물을 져 나르듯이 계속 움직이지 않으면 수익은 발생하지 않는다.

홈쇼핑 방송 시 진정한 홍보를 원한다면, 고객에게 어느 곳이든(포장박스 안쪽이라도) 당신의 브랜드가 함께하도록 만들어라. 상품에 꼭 브랜드를 의도적으로 넣어야 한다.

고객과의 접점을 만들어라

고객의 정보를 입수하기 위해서라면 반드시 직접 배송하는 직택배를 고집해야 한다. 한번 고객과의 관계를 맺으면 지속적으로 수익을 확대하기 쉬워진다. 잊지 말라. 순간의 편안함을 위하여 홈쇼핑사 물류창고에 제품을 넣는 순간, 고객과 인연을 맺기는 어려워진다. 결국 고객은 배송하는 주체, 판매하는 주체만을 기억하기 때문이다.

할 수만 있다면 직택배를 노려라!

자신의 상품을 구매하는 고객에게
자신의 브랜드를 직접 어필하거나
관리할 수 있는 기회를 찾아라.

A/S, 관련상품 추천,
별도 구매사이트 제공 등

예를 들어 메모리폼 베개 상품이라면 'OOO(브랜드명)베개'라는 상품명으로 팔려야 한다. 소재, 지역, 용도는 브랜드가 아니다. 당신의 브랜드는 당신이 키우는 것이다.

Broadcasting Production

홈쇼핑 방송이라는
종합예술작품을 만들다

방송 프로그램 제작

방송 인력의 정의와 역할

홈쇼핑 방송은 기본적으로 생방송이라는 특성이 있다. 실시간 방송이라는 전투를 치르기 위해 모든 방송 스태프들이 총력을 기울인다. 앞에서는 일반적인 직무 중심으로 설명했지만 여기에서는 방송 프로그램을 위한 역할을 중심으로 살펴본다.

나는 MD 시절 방송 콘티를 직접 그리기도 했다. 스케치가 잘 그려지는 부분은 명확하게 콘셉트가 잡힌 것이고, 잘 표현이 안 되는 부분은 어딘가 문제가 있었다.

홈쇼핑 피디 = 방송제작 + 마케팅

홈쇼핑 방송의 전반적인 준비와 제작부터 총체적인 책임을 지는 프로그램 디렉터이다. 일반 방송의 피디와는 달리 방송제작에 더해 방송 매출을 이끌어내는 마케팅 능력이 요구되는 직군이다. 생방송을 진행하는 LIVE 피디와 사전제작 피디가 있다. 사전제작 피디는 SB(Spot Broadcast, 프로그램 사이에 잠깐 들어가는 예고편이나 광고)를 비롯해 여타 사전제작물을 제작한다. 야전사령관으로서 홈쇼핑 피디의 가장 큰 역할은 뭐니 뭐니 해도 생방송의 콜 관리를 통한 매출 극대화이다.

홈쇼핑 쇼핑호스트 = 방송의 얼굴

말 그대로 프로그램의 주인이자 홈쇼핑 방송의 얼굴이다. 방송상품에 대한 적절한 정보와 특장점을 고객에게 쉽고 정확하게 전달하는 역할을 한다. 방송 준비 단계부터 방송 진행, 사후관리시점까지 피디, 엠디와 동선을 같이한다. 피디와 마찬가지로 기본적인 방송 스킬 이외에 상품에 대한 전문적 지식과 마케팅 능력이 요구되는 직군이다.

방송 프로그램 제작은 방송 전문가에게 맡겨야 한다? 맞는 얘기다.
진료는 의사에게, 약은 약사에게, 콘셉트는 상품 전문가에게, 방송은 방송 전문가에게!

방송운영 스태프들

방송 기술 장비와 전문적 지식으로 방송을 지원하는 스태프들
이다. 카메라맨, 테크니컬 디렉터(TD), 오디오맨, 비디오 담당,
조명 담당, 시스템 담당, 종편실 담당, CG 담당 등의 수많은 인
원이 활동하고 있다. 전형적인 방송국 직군들이라고 보면 된다.
이들 역시도 일반 방송과 달리 상품에 대한 기본적인 이해가 필
수적이다.

프로덕트 코디네이터(PC)

방송 전반을 준비하는 진행자이다. 방송 전에 업체 준비, 상품
세팅, 출연자 점검 등 총체적인 콘트롤을 책임진다. 일반 방송의
FD(Floor Director) 역할에 더해 상품을 이해하는 전문성이 요구
된다. 생방송 중에는 원활하게 상품의 교체를 유도해주는 것도
중요한 임무이다.

미술 스태프

세트 담당자와 DP(디스플레이) 인력으로 구성된다. 사전 미팅 단
계부터 참여하여 방송 세트의 전반적인 기획과 제작을 총괄한
다. 홈쇼핑 상품의 특성에 맞게 세팅 및 코디를 하는 것이 중요
한 임무이다. 패션, 잡화, 보석 등의 비주얼 상품군은 세트의 비
중이 크다. 침대, 가구 등 디스플레이 상품군은 제품의 디스플레
이 상태가 매출에 지대한 영향을 끼친다.

프로그램 제작을 하기 위하여는 절대적으로 시나리오와 대본이 필요하다.
즉, 전체 상품 판매 방송에 대한 콘셉트 정리가 필요하다는 얘기다.

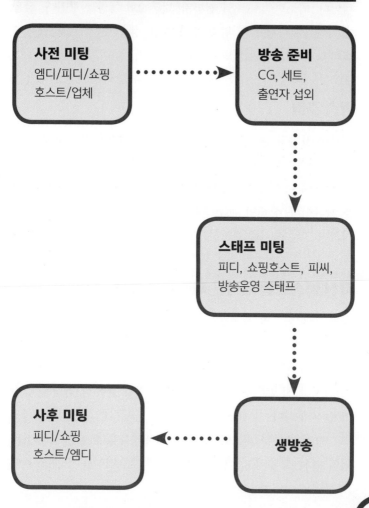

방송제작의 흐름

사전 미팅
엠디/피디/쇼핑
호스트/업체

방송 준비
CG, 세트,
출연자 섭외

스태프 미팅
피디, 쇼핑호스트, 피씨,
방송운영 스태프

사후 미팅
피디/쇼핑
호스트/엠디

생방송

대기업 브랜드가 아니라면(대기업은 소비자가 알고 있다) 상품 개발을 하게 된 계기와
누가 만들었는지, 기존 제품과 차별화된 스토리와 소구포인트가 드러나야 한다.

사전 미팅

상품 선정 후 피디, 쇼핑호스트, 엠디, 업체가 모여 논의하는 미팅이다. 최소한 방송 3일 전까지, 기본 2회 이상 진행한다. 상품에 대한 기본 정보 및 방송 제작 방향, 방송 순서, 프로모션, 제작비용 등 전반적인 협의를 한다.

방송 준비

생방송 전까지 방송 전반에 걸친 준비 작업이다. 방송 콘셉트 기획부터 방송 CG 제작 의뢰, 세트, 음악, 디스플레이, 코디 협의 및 의뢰에 이르기까지 모든 것을 준비한다. 출연자나 모델 섭외도 물론이다. 상품별 매출 추이와 시장상황과 주변 환경 등을 분석하여 상품 순서를 결정하기도 한다.

사전 방송화면 제작은 제조업체 책임

방송 중에 사용할 사전제작 방송화면, 즉 인서트물은 전문 프로덕션을 통해 만든다. 보통 제조업체는 방송화면을 홈쇼핑사에서 다 만들어주는 줄 알고 있다. 물론 홈쇼핑사에 자체 사전제작팀이 있지만 신상품 방송화면까지 만들 만큼 충분한 인력을 갖추고 있진 못하다.

그래서 대부분 제조업체에게 사전제작물을 요청한다. 이것은 업체 역시 직접 하기 어려운 일이므로 프로덕션을 소개받아 방

왜 써야만 하는지, 왜 지금 안 사면 안 되는지, 구체적으로 고객에게 다가설 때 낯설었던 브랜드와 상품이 친근해진다. 관심을 가지면서(고관여) 주문 욕구가 생기는 것이다.

송물을 준비하게 된다. 이때 프로덕션에서는 전문작가를 참여시켜 콘셉트 시트를 작성한다.

방송화면의 질은 콘셉트 시트에 달렸다

방송화면 제작 비용은 적게는 1천만 원부터 많게는 3천만 원 이상까지 소요된다. 화장품이나 건강식품 등은 3D 화면 제작과 비포&에프터 화면 제작, 전문 게스트 모델 등이 필요하므로 제작 비용이 많이 들어간다.

　제조업체 코칭을 하다보면 제품을 제작하는 데 모든 자본, 인원, 시간을 투입하다 보니, 정작 중요한 방송화면 제작과 같은 마케팅 비용을 책정하지 못하는 경우가 많다. 아무리 좋은 상품이라도 소비자에게 어필하지 못하면 구매는 일어나지 않는다. 어떻게 자신의 제품이 좋다고 할 것인가?

　조금 과장하자면 홈쇼핑은 상품보다도 방송의 콘셉트와 시나리오가 더 중요하다. 소비자의 첫 구매는 연출된 상품을 보고 이루어지는 것이다. 직접 만져보고, 써보고 사는 것이 아님을 인지한다면 콘셉트 시트가 얼마나 중요한지 깨닫게 될 것이다.

처음 상품의 콘셉트를 열정적으로 엠디에게 들려줘야 할 사람은 방송 전문가가 아니다. 바로 당신! 상품 제조사, 공급업체여야만 한다.

스태프 미팅

생방송 1시간 전에 피디 주관 하에 전 스태프들과 상품에 대한 기본 설명, 방송 콘셉트, 진행 방향을 공유하는 미팅이다. 피디, 쇼핑호스트, 프로덕트 코디네이터(PC), 방송운영 스태프, 모델 등 생방송에 관련된 전 스태프가 참석한다.

상품을 가장 잘 아는 건 제조사

절대 자기 상품의 운명을
그냥 맡기지 말라.

아이디어 회의, 방송 제작회의 시
강하게 자신의 아이디어를 어필하라.

그래야 망해도(방송 매출이 부진해도)
억울하지 않다.

제작회의는 말이 아니라 느낌이 중요하다. 쇼핑호스트, 피디, 엠디가 이 상품 정말 좋다, 대박감이다, 하고 확신이 생기는 것은 상품의 본질을 자연스럽게 느껴야 가능하다.

CG 및 생방송 진행 흐름

24시간 전
전달사항 및 스케줄 게시 / 사전 확인
CG의뢰서 전산 확인

1시간 전
LIVE용 CG / 부조 CG 세팅
수정 및 추가 / 스태프 미팅

PGM (Program)
변경사항 전달 / 응급상황 조치
LIVE CG 진행 / 상황에 따른 CG 표출

10분 이내
방송 완료 / 사은품 당첨자 명단 노출

방송샘플을 나눠주고 먹어보게 하고 써보게 하라. 샘플을 충분하게 준비하여 방송관계자에게 써보도록 하는 것이 식사 한끼 하는 것보다 훨씬 효과적이다.

쇼핑호스트 업무 흐름

사전 준비
쇼핑호스트 캐스팅 / 상품군별 전문성 분석 / 쇼핑호스트별
방송효율 분석 / 방송전략회의 / 시장조사 / 심의 지적 내용
확인 / 고객문의 사항 점검

방송 진행
경쟁사 분석 / 분장 및 의상 콘셉트 협의 / 메이크업 의상 착용
 / 스태프 미팅 / 방송 진행

사후 관리
방송 후기 작성 / 사후 관리

어떤 이들은 한국의 TV홈쇼핑이 비약적인 성장을 한 이유를 편리함을 원하는
현대인의 요구와 기술발전이 맞물린 결과라고 말한다.

사전방송물 제작회의

방송물을 만드는 단계에서는 엠디, 피디, 쇼핑호스트 등이 참여하여 그동안 준비된 사항을 가지고 제작회의를 하게 된다. 보통 신상품의 경우 3회 정도를 진행한다. 방송 준비가 진행되면서 상품구성이나 프로모션이 바뀌기도 하고, 사전제작물, 디스플레이 등에 대한 변경도 이루어진다. 내부적으로 주도권 싸움이 벌어지기도 하고, 모두들 무척 잘 통해서 날카로운 의견 교환 없이 지나가기도 한다. 분위기는 그때그때 홈쇼핑사마다 다르다. 제조업체 입장에서는 상황 파악을 빨리하여 주도적으로 움직여야 한다.

방송(생방송)

피디는 생방송 중에 매출의 극대화를 위해 카메라 커팅과 동시에 실시간 콜과 매출 현황을 보면서 상품별 노출 시간과 효율을 관리한다. 일반 방송과 달리 정해진 콘티가 없이 매출 추이에 따라서 진행되는 완전 애드리브(All Ad-lib) 방송이다.

사후 미팅

생방송 종료 후 피디, 엠디, 쇼핑호스트, 방송운영 스태프 등이 방송 전반에 대한 리뷰를 나누고 향후 개선안에 대한 논의를 하는 자리다.

또한 한국인 특유의 빨리빨리 성향과 함께, 맞벌이 부부와 1인 가구 등 기존 영업시간에 쇼핑하기 어려운 고객의 증가 때문이라고 분석한다.

상품군별 방송 제작법

비주얼 상품군 (패션,잡화, 명품, 속옷, 보석)

제품 이미지, 브랜드, 소재, 사이즈 구성이 소구 포인트
쇼 조명 활용, 심플하면서도 세련된 분위기
사이버, 팝댄스, 댄스가요 등
정교하고 순발력 있는 콜 관리 필요
패션 모델, 이미지 모델

레포츠/문화

정확한 정보, 사용법, 운동 효과로 소구
밝은 분위기
락 음악
제품에 대한 충분한 설명
레포츠 전문 모델

주방/식품

요리 시연, 사용법 중심으로 소구
요리 시연이 용이한 세트 준비
경쾌한 가요 중심
간결하고 스피디한 진행, 정확한 시연 타이밍
시연 모델

식품의 경우 상품평가용 시제품과 함께 제출해야 할 구비서류가 상당히 많은 편이다.
홈쇼핑사마다 안내를 하고 있으니 초기부터 면밀히 준비하는 것이 좋다. 여기서는
N홈쇼핑사의 구비서류 리스트를 예시로 소개한다.

생활/아동

정확한 방송 콘셉트, 설명 위주의 방송
편안한 느낌의 세트
경쾌한 가요
지속적인 설명
시연 모델

침구/가구

이미지, 소재, 디자인이 소구 포인트
DP의 역할 매우 중요
발라드
제품에 대한 충분한 설명, 후반 콜 관리
이미지 모델

가전/멀티미디어

브랜드, 사용법으로 소구
사이버 분위기
사이버 음악
후반 콜 관리 중요
이미지 모델

이미용

구성, 사용법, 효능, 효과가 소구 포인트
구성 중심의 간결한 세트
미디엄 템포의 가요, 팝
다양한 자료 활용
이미지 모델, 시연 모델

1. 품목제조보고서(종류별) – 제조방법설명서/유통기한설정자료 포함
2. 자가품질검사성적서(완제품/자가품질 위탁검사용)
3. 영양성분성적서(공인기관) – 표시사항 및 방송 노출 시

제작운영 기본 원칙

사전 미팅 준수
방송을 위한 미팅 일정은 전산관리로 철저히 준수하고
방송 3일 전 사전 미팅을 완료한다.

정직한 방송 운영
방송 심의에 위반되지 않도록 정확한 방송 및
지적 사항에 대한 피드백을 받는다.

순매출 극대화
매출을 극대화할 수 있도록 철저한 사전 미팅을 통해
판매 현황을 분석, 공유한다.

방송 품질 제고
매출이 우수한 상품과 반대로 저조한 상품들의 성공,
실패 사례를 분석한다.

인재 육성
상품군별로 전문화된 피디와 쇼핑호스트를 양성한다.

4. 원산지 확약서 – 모든 원료에 대해 필히 기재(홈쇼핑사 양식에 맞춰)
5. 원산지 증빙서류 (제품 표시사항 내 원산지 표시원료에 대한 증빙)

사전제작물 강화

방송의 품질 향상을 위해 사전제작 의뢰는
방송 2주 전에 전산으로 의뢰한다.

CG 오류 최소화

CG 오류 방지를 위해 엠디와 피디가 최종 확인하고
CG 의뢰 프로세스를 준수한다.

무사고 방송

방송기기의 백업을 철저히 하고 안전예방교육,
보수유지를 체크리스트로 만들어 관리한다.

경비절감(효율극대화)

방송장비를 자체 보수할 수 있도록 유지보수 교육을
실시한다.

기술력 향상

방송장비 전시 및 세미나에 참석하며 자사 및 타사
방송을 모니터링한다.

해당 원료 : 원산지 법적표시 원료, 방송소구점으로 표시될 원료, 한글표시사항에
원산지가 기재된 원료
원물 원료 : 최종단계 유통 원산지 증명서, 최종단계 거래명세서, 잔류농약 및
중금속 시험성적서

방송 제작 흐름 요약

1. 사전 준비
편성이 확정되면 피디를 캐스팅한다. 상품군별 전문성 분석과 피디별 방송효율 분석을 통해 피디를 선정한다. 방송 3일 전에 상품제작 회의를 실시한다. 그다음 사전제작과 출연자를 결정한다.

2. 방송 진행
여기까지 사전 준비가 끝나면 드디어 방송이 진행된다. 생방송 도중에는 콜 관리와 매출 관리가 가장 중요하다.

3. 사후 관리
방송이 끝난 후 방송후기를 작성한다. 매출 목표 대비 성과를 확인하고 관리한다.

가공 원료 : 품목제조보고서, 자가품질시험성적서, 거래명세서
수입 원료 : 수입신고필증 & 식품등의 수입신고필증, 최종단계거래명세서,
한글표시사항에 원산지가 기재된 원료 및 방송 원산지 소구원료.

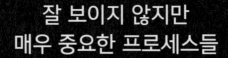

잘 보이지 않지만
매우 중요한 프로세스들

입점에서 심의까지

입점 절차

입점 제안은 홈쇼핑사에서 제공하는 입점 제안 시스템에서 전자등록을 통해 가능하다. 처음에는 대표상품 하나만 등록하며, 업체등록이 완료된 후에는 상품을 추가로 등록할 수 있다. 제안한 상품은 단계별로 상품 선정 기준에 의해 평가를 진행하는데 보통 7~10일이 소요된다. 평가 진행 현황도 실시간 확인 가능하며 평가가 완료되면 채택 여부를 SMS와 이메일로 통보해준다.

기타증빙서류(마케팅/ 방송소구 관련 증빙자료) : HACCP인증자료 / 특허증 /
공동개발 계약서 / 원료에 관련된 논문 / 효능, 효과 등 관련 증빙서류 등 / 전단지
디자인 사본(전단지 삽입 시) / 상표등록증, 상표계약서(계약 사용 시)

채택된 경우에는 담당 엠디가 별도로 연락해온다. 업체상담과 심의 등의 과정까지 통과하고 나면 계약을 체결하게 되는데, 그렇게 상품 진행이 확정되면 신규 입점 절차에 따라 기본거래계약을 체결한다. 계약을 위한 구비서류 및 상세 절차는 각 사에서 제공하는 협력업체 SCM의 메뉴에서 확인 가능하다.

입점 절차 개요

입점 제안

제안 평가

엠디 상담

업체 상담

계약 체결

홈쇼핑사 홈페이지 입점제안에 들어가면 상품 카테고리, 상품명, 판매가, 회사소개, 상품소개 등을 글자로 입력하거나 파일로 첨부하도록 되어 있다. 그런데 상식적으로 중요한, 빠져있는 항목이 하나 있다.

어느 홈쇼핑사에 입점할까?

주요 홈쇼핑사 간에는 경쟁구도가 있다. 업계 1위를 다투는 GS홈쇼핑 대 CJ오쇼핑, 그다음으로 현대홈쇼핑 대 롯데홈쇼핑, 마지막으로 홈앤쇼핑 대 NS홈쇼핑이다. 입점을 준비할 때 초기에는 이처럼 경쟁구도에 있는 두 업체 중 한 곳에만 입점 신청을 하는 것이 불문율이다.

입점 제안 예시

여기서는 예시로서 CJ오쇼핑에 입점하는 절차를 소개한다. CJ오쇼핑은 인터넷을 통한 입점 제안만 접수를 받는다. 하지만 인터넷이라고 아무런 준비 없이 무턱대고 입점 신청을 하는 것은 바람직하지 않다. 홈쇼핑사에서 제공하는 정보와 자료를 꼼꼼하게 살펴보고 입점을 시도하라.

입점 제안하는 법

1. 해당 웹사이트에 들어간다. 예 : www.cjoshopping.com
2. 하단에 있는 '입점안내' 메뉴 클릭
3. 신규 공급업체는 사업자번호만 입력해 로그인한다.

그것은 바로 바로 공급가(방송납품가)이다. 제조공급업체의 입장에서 보면 자신의 상품을 얼마에 공급하겠다는 것이 중요할 것 같지만, 홈쇼핑사의 입장에서는 그리 중요하지 않다.

입점 관련 화면 미리보기

입점제안

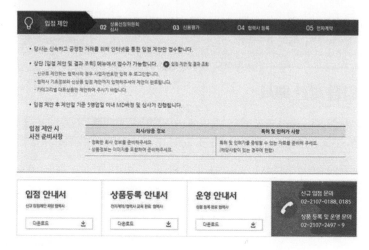

상품선정위원회 심사

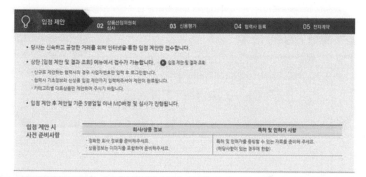

홈쇼핑사는 대박을 겨냥하여 판매가와 상품구성을 방송에 적합하게 정하고 자신의 방송수수료를 정확히 챙기고 나서, 공급가는 사실상 제일 마지막에 부여하게 된다.

신용평가

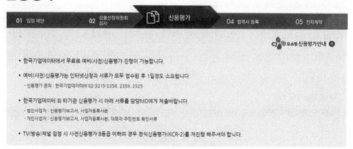

협력사 등록

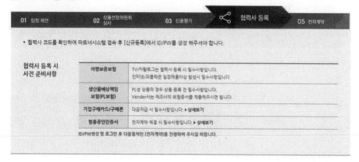

전자계약

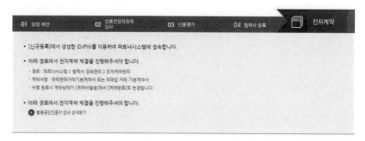

즉, 공급가는 공급하고 싶은 단가가 아니라 공급하여야만 하는 단가이므로, 처음 입점 시 주요 입력 항목에서는 제외되는 것이다. 갑과 을의 논리가 엄연한 이것이 현실이다.

홈쇼핑별 입점 절차 비교

입점을 제안할 때는 사전에 준비를 철저히 하고 근거 있는 자료를 미리 준비해야 한다. 홈쇼핑사마다 조금씩 차이가 있으니 웹사이트에 들어가서 정확하게 확인하도록 한다.

GS SHOP

입점제안 → 입점심사 → 협력사등록 → 전자계약 → 상품등록 → 품질검사(QA)(일부상품) → 사전심의(일부상품) → 상품판매

현대홈쇼핑

입점희망 → 협력사정보 등록 → 신상품 제안 → 평가 및 상담 → 품평회 & QA → 협력사 정보입력 → 보증보험 및 서류제출 → 특약매입계약서(전자계약서 서명) → ID/PW 생성 → 입점완료 → 상품 판매

상품선정위원회가 그 많은 상품을 심사할 수는 없으므로 사실상 입점 제안에 대하여 담당 엠디와 팀장급에서 1차 심사와 크로스체크를 하는 것이 일반적이다.

롯데홈쇼핑

파트너 입점 → 파트너코드 발급 → 상품제안 → 기본거래계약 →
시스템교육 수강 → 보증보험 가입 → 중복거래 계약 → 상품등록
(TV쇼핑의 경우 MD가 상품등록) → 품질검사 → 품질승인 →
방송판매

홈앤쇼핑

입점제안 → 심사 및 상담 → 상품선정위원회 → 거래개설 →
전자계약 → 품질검사(QA) → 심의

NS홈쇼핑

입점제안 → 제안 검토 → MD 상담 → 상품 평가 → 품질 검사 →
계약 체결

공영홈쇼핑

입점제안 → 제안 검토 → MD 상담 → 상품 선정위원회 → 품질
검사 → 협력사 등록 → 전자계약 체결 → 판매 진행

다짜고짜 홈쇼핑 담당자를 소개해달라는 부탁을 간혹 받는다. 사람을 만나는 것이
중요한 것이 아니다. 일단 홈쇼핑을 공부하고 정해진 절차를 파악하는 것이 우선이다.

홈쇼핑 입점 관련 주의사항

홈쇼핑 방송에서 쓰이는 모든 표현들은 정부기관(방심위, 식약처, 공정위)에서 모니터링하고 제보를 받는다. 따라서 홈쇼핑사도 상품의 신뢰성에 대해 매우 민감하다. 입점 제안을 할 때 상품에 관한 근거 데이터(인증, 인허가, 특허, 저작원, 원산지 증명, 수입 증명 등)를 준비해서 첨부하도록 하자.

법무 업무 프로세스

홈쇼핑사에서 법무 관련 업무는 상품평가부터 사후관리까지 거의 전 과정에 걸쳐 진행되기 때문에 무척 중요하다. 먼저 상품 선정 단계에서는 기능과 품질 검토, 위험성 여부 검토, 인허가 확보 검토, 지적재산권 확보 검토, 업체 신용도 검토 등이 이루어진다. 방송 전 검토 단계에서는 산업재산권 확인, 저작권 확인, 인/허가 및 신고 확인, 원산지 확인, 병행수입 사항 확인, 조건부 거래 확인, A/S 및 반품 채권 확보, 계약서 진행, 사전 심의 등을 수행한다. 방송 시에는 방송 내용 심의, 모니터링, 방송상 원산지 표기 확인, 저작권 침해 여부 확인 등을 한다. 방송 후 처리 단계가 되면 사후 심의, 배송 관리, 반품/환불/교환 관리, 고객 불만 처리, 분쟁 관리 등을 맡는다.

절차를 충분히 파악해서 입점 과정에 떨어지지 않는 것이 중요하다. 전문가의 도움을 받아서라도 매력적인 상품소개서, 회사소개서 등으로 처음부터 강하게 어필해야 한다.

주문/CS 처리 프로세스 엿보기

우선 홈쇼핑사의 콜센터에서 대부분 처리를 하고 처리하기 어려운 것은 공급업체에 연락한다. 이때는 초기 대응이 중요하다. 만약 처리가 늦어져서 고객이 대기해야 하는 상황이 벌어지면 작은 불만도 걷잡을 수 없이 커져버린다. 그러면 다음 방송을 하는 데도 차질이 생길 수 있다. 미루고 피해봤자 어차피 고객의 요구를 들어줘야 하며 시간이 지날수록 비용이 더 든다. 신속하게 봉합해서 곪아터지는 사태를 막자.

주문/CS 처리 프로세스 요약

주문 접수 →
단순 변경/취소/반품/교환/
AS/WEB처리불만 →
지원처리 →
유형별 후속조치

1차 구매자인 엠디가 검토할 때부터 한번 보고 싶고, 듣고 싶고, 알고 싶은 마음이 생겨야 한다. 만나기 전부터 매출 확신을 가질 정도로 강력한 프러포즈를 준비해보라.

구매업무 프로세스

여기서 구매란 홈쇼핑사의 입장에서 본 구매업무다. 제조공급
업체의 입장에선 입점을 의미한다. 구체적으로는 업체계약관리,
공급관리, 배송관리, 정산의 단계로 진행된다. 당연히 구매부서
담당자와 이야기하게 된다. 이때 배송이 며칠 걸리는지, 배송일
을 초과할 경우 기본 페널티 외에 고객 보상은 어떻게 해줄 건
지를 요구할 것이다. 배송일을 지키지 못할 경우 고객에게 적립
금 등의 추가 보상을 지급하게 한다. 제조공급업체에서는 이런
사항을 미리 준비해서 답할 수 있어야 한다.

홍보업무 프로세스

고객은 절대 모르는 상품을 사지 않는다. 따라서 홈쇼핑 방송 전
에 미리 상품을 알리는 홍보가 중요하다. 예를 들어, 식품의 경
우 종편 방송에서 PPL 등으로 소개하도록 한 직후에 홈쇼핑 방
송을 진행해서 고객의 눈길을 끈다. 기사를 내거나 블로그 마케
팅을 하기도 한다. 이런 홍보 계획은 제작회의에서 논의하는데,
보통 업체에게 요청한다. 사전준비와 비용이 필요하므로 미리
대비하도록 하자.

누가 뭐래도 홈쇼핑은 각종 절차가 까다롭다. 반면에 제조공급업체 입장에서는
이 프로세스를 통해 자사의 시스템과 경쟁력을 점검할 수 있는 좋은 기회가 된다.

홍보 프로세스 주요 흐름

매월
월간 홍보 계획 수립
주간 홍보 계획 확정

매주
방송 편성안 취합 / 상품 취재 /
프로모션 취재

홍보 아이템 발굴 및 종합

홍보 계획에 반영

홈쇼핑은 첫 방송 준비가 곧 처음이자 끝이다. 홈쇼핑 방송을 한번 했다는 것은
그 회사가 어느 정도 시스템을 갖췄다는 것을 의미한다.

심의 절차

심의는 크게 홈쇼핑사에 서류를 제출하기 전에 기관을 통해서 실시하는 확인 과정과 홈쇼핑사에서 QA를 비롯하여 표시/광고 등을 포함한 심의를 수차례에 걸쳐 실시하게 된다. 상품 분야별로 심의 절차와 프로세스에 차이가 있으므로 각 홈쇼핑사의 안내에 따라 심의를 진행해야 한다.

　공급업체 입장에서는 상품이 선정되어 방송을 준비해나가는 전과정이 심의 진행의 흐름이라고 생각해도 과언이 아닐 만큼 이중삼중으로 홈쇼핑사와 관련 기관의 심의를 받게 된다. 준비는 철저할수록 좋으며 심의를 결국 통과하지 못하면 방송은 물거품이 되고 만다.

실시간 심의

생방송이 진행되는 상황을 모니터링하면서 실시간으로 심의한다. 홈쇼핑사에서는 방송심의 관리 시스템을 통해 그때그때 지적하고 주의사항을 스태프들에게 전달한다.

방심위에서 1차 모니터링과 제보에 의하여 심의를 하게 되면 방송에서 심의위반 징계까지 1개월 이상 소요된다. 그 사이 타사에서 방송표현을 했는데 왜 우리만 방송표현을 못하게 하느냐고 엠디와 공급업체에서는 불만과 이의제기를 하는 경우가 많다.

건강기능식품 사전 심의

제작 미팅

판넬/영상물(자료화면) 심의

방송 자막 심의

심의 의견서를 통해 중요 심의내용 전달
(엠디, 피디, 쇼핑호스트, 게스트 등에게)

방송사의 방송심의 부서에서는 근거자료가 부족하거나 없거나 하면 타사에서 하는
표현이라 하여 그대로 진행시키지는 않는다. 심의 잣대는 타 홈쇼핑사가 아니다.
심의는 기존 심의위반사례 등과 각 관계기관의 심의 법규를 기준으로 하기 때문이다.

홈쇼핑 감독기관 및 법규

방송통신심의위원회
▷방송법/상품소개 및 판매방송 심의에 관한 규정에 의거
▷진실성/품위/공공성/선정성 등의 관점으로 전량 심의
▷주의/경고/프로그램 중지/사과방송/관계자 징계 등으로 제재

공정거래위원회
▷표시광고 공정화에 관한 법률/전자상거래 등에서의 소비자
보호에 관한 법률 등에 의거
▷진실성의 관점으로 직권 조사, 민원/이첩에 따른 조사
▷경고/시정권고/시정명령/과징금/고발 등으로 제재

식품의약품안전처
▷식품위생법/건강기능식품법/의료기기법/화장품법 등에 의거
▷진실성/의약품 오인오남용 관점으로 직권조사, 민원/이첩조사
▷고발/관할구청 이관으로 제재

관할구청
▷건강기능식품법에 의거 법위반 여부를 자체단속/이첩 건 조사
▷고발/영업정지 등으로 제재

소비자원
▷소비자기본법에 의거 조사 후 관계기관에 이관

방송 전 방송 구성과 관련하여 신뢰성 있는 표현 근거자료를 충분히 확보하고
스탭바이스탭으로 심의부서에 접근하여 진행하는 것이 중요하다.

심의 담당자 회의

현재 홈쇼핑사의 심의 담당자들은 정기적인 모임을 갖고 방송의 신뢰성과 타당성을 확보하기 위해 노력하고 있다. 또한 방송심의의 일관성을 유지하기 위해 자체적으로 심의 가이드라인을 만들어 제공하고 있다.

심의 이슈 사항

방송 심의는 시대성을 반영한다. 심의 기준이나 잣대는 수시로 변한다. 방송심의위원회 웹사이트(www.kocsc.or.kr)에 들어가면 매월 [방송광고/상품판매방송 부문 심의의결현황]이라는 제목으로 상품별 사례가 소개되어 있다. 반드시 참고하기 바란다. 홈쇼핑사의 내부 심의도 그 내용들을 기준으로 반영하므로 제조공급업체에서는 미리 파악하고 있어야 한다.

> **편법적 가격 할인 이슈**
> 세일, 자동주문, 일시불 등을 이용한 지속적인 가격 할인에 대한 가이드라인 (예: 세일 3만 원 종료 후 자동주문 3만 원 진행)

방송의 묘미를 살리면서 상품의 장점을 최대한 살리고, 허위 과장 방송이 되지 않도록 하는 심의의 줄타기가 대박매출을 올리는 데 필수적이다.

단 하루, 최초 표현 이슈

단 하루, 최초 등의 표현을 통해 현재 혜택을 강조한 후, 더 좋은 혜택을 진행하는 경우에 대한 가이드라인 (예: 단 하루 ARS 1만 원 방송 후 ARS 2만 원 진행)

매출/리서치 자료 활용 이슈

매출 및 리서치 자료 활용시 출처기관의 공신력을 어느 범위까지 인정하는가에 대한 가이드라인 (예: CMN, TNS 공동 조사)

제조물 책임법

소비자를 제품 결함이나 피해로부터 보호하기 위해 2002년부터 제조물 책임법이 시행되었다. '제조자, 판매자 등 그 제품의 제조, 유통, 판매과정에 관여한 자가 그 보상비용을 부담하며 민사 법적 손해배상을 책임진다.'는 내용이다. 혹시 있을 수 있는 사고를 대비하여 제조물 책임 보험을 들어놓는 것이 좋다.

최근에는 품질연구소를 둔 홈쇼핑사까지 생겼다. H사는 고객과 같은 과정으로 구매해 불량품을 가려내는 '언더커버요원'을 통해 극한 상황에서 제품을 테스트하기도 한다.

제조물 책임법의 성립 요건

우선 결함(설계결함, 제조결함, 경고결함)이 존재해야 한다. 그리고 피해(육체적, 경제적)가 발생해야 한다. 이때 결함과 피해 발생 간의 필연적인 관계가 증명되어야 한다.

유관기관 – 심의기준

방송통신심의위원회

방송법, 심의 규정

공정거래위원회

경품고시, 표시광고, 법정계량단위

식품의약품안전처

**품목별 허가
(식품/건강기능식품, 화장품/의약외품, 의료기기)**

품질연구소에서 검사하는 품목은 주로 고가의 인기 상품이며 엄격하게 심사를 한다.

홈쇼핑 성공 노트

불변의 법칙

04

고객의 본능은 무섭다.

고객의
본능을
충동질하라

본능은 거짓말 하지 않는다.

Customer's Type
나비 고객, 꿀벌 고객, 나방 고객, 캥거루 고객 등

쇼핑 고객의 유형들

고객의 동물적 본능

우리는 모두 띠를 가지고 있다. 열두 동물인 12지신을 태어난 연도에 따라 나눈 것이다. 나는 유통을 오래하면서, 고객 역시 동물에 비유하여 그 유형을 나눌 수 있다는 것을 알게 되었다. 사람도 동물인지라 동물적 본능이 숨어 있는 것이다. 이런 사실을 알아채고 그 유형에 맞춰 대응하면 번성할 수 있다. 반면 이를 인식하지 못하거나 무시한 채 운영하는 수많은 곳들은 사라지거나 몰락하게 마련이다. 고객의 유형별로 주요 타깃, 상품, 판매방법, 업태(판매채널)를 살펴보자.

고객의 본능 속에는 구매행동을 유발시키는 필요욕구DNA가 있다. 이것을 건드려 주었을 때 본능 속의 욕구를 충족시키기 위해, 지갑 열기 – 주문하기 – 결제하기가 자연스럽게 이루어진다.

나비 고객

**화려한 꽃과 향기를 좇는
나비 같은 고객들의 시선을
사로잡기 위해서는 홈쇼핑에서도
역동적이고 강렬한 볼거리를
제공해야 한다.**

화려함을 좇는 나비 고객

우리나라의 홈쇼핑 고객이 외국 고객과 확실하게 차별화되는 점은 화려한 것을 좋아한다는 것이다. 건강기능식품을 팔면서 치어리더들이 나와 춤을 추고 폭죽을 터트리는 화면을 보여주는 곳은 전 세계에서 우리나라 홈쇼핑밖에 없을 것이다. 화려한 꽃과 향기를 좇는 나비 같은 고객들의 시선을 사로잡기 위해서는 홈쇼핑에서도 역동적이고 강렬한 볼거리를 제공해야 한다.

나비 고객 DNA
나비 고객은 나만이 존경받는다는 듯한 느낌을 줘야 한다. 그래서 SNS, 메일이나 쿠폰북을 제공할 때도 항상 OOO고객님, 하고 이름을 불러주는 것이 좋다.

꿀벌 고객

**500원 싸게 사려고 2~3시간 검색한다.
따라서 아무리 고객의 구매욕을 자극해도
고객이 다른 곳보다 비싸다는 인식을
갖는 순간 충동구매는 물 건너간다.**

알뜰하고 근면한 꿀벌 고객

인터넷 시대, 모바일 시대이다. 누구나 손쉽게 가격을 비교해볼
수 있는데다 특히 손품을 팔아서 조사하고 꼼꼼하게 비교하는
알뜰한 고객들이 너무나 많다. 500원 싸게 사려고 2~3시간 검
색한다. 따라서 아무리 고객의 구매욕을 자극해도 고객이 다른
곳보다 비싸다는 인식을 갖는 순간 충동구매는 물 건너간다. '적
어도 다른 곳보다는 싸다', '생각했던 것보다 싸다' 또는 '정말
많이 준다'는 느낌을 고객에게 주지 않는다면 충동구매를 일으
켜 당장 사게 만들기는 어렵다.

꿀벌 고객 DNA
꿀벌 고객들에게는 지속적으로 최저가보상제를 알림으로써 습관적으로 믿고
구매하도록 하는 것이 필요하다.

나방 고객

10%, 20% 정도의 작은 세일 폭에는 꿈쩍도 안 하는 고객도 많다. 그러나 30%, 40%, 50%로 점점 불빛(세일)이 밝아지면 고객은 이성을 잃기 시작한다.

세일의 불빛에 몰려드는 나방 고객

나방은 강한 불빛에만 몰려든다. 마찬가지로 세일도 강도가 중요하다. 세일에 혹하지 않는 고객은 없지만 세일이라고 다 사람이 몰리는 것도 아니다. 10%, 20% 정도의 작은 세일 폭에는 꿈쩍도 안 하는 고객도 많다. 그러나 30%, 40%, 50%로 점점 불빛(세일)이 밝아지면 고객은 이성을 잃기 시작한다. 불나방이 불빛에 타들어 가는지도 모르고 밝은 가로등으로 돌진하는 것이다. "다른 데서는 이 가격에 절대 사실 수 없습니다.", "이게 마지막 세일입니다."라는 자극에 약하다.

나방 고객 DNA
세일DNA가 강하므로 상대적으로 브랜드나 점포, 업태의 충성도가 약하다.
무조건 30%이상 세일 문구를 앞에 놓고 자극하라!

도요새 고객

**도요새 고객은 진열된 상품을
헤집어보고 다니다가 미안해서 구입한다.
주로 의류가 잘 진열된 매장에서
흐트러뜨리면서 스트레스를 해소한다.**

진열된 것을 흐트러뜨리는 도요새 고객

도요새는 부리가 아주 길다. 긴 부리로 벌레를 잡아먹기 위해 헤집고 다닌다. 도요새 고객은 진열된 상품을 헤집어보고 다니다가 미안해서 구입한다. 주로 의류가 잘 진열된 매장에서 흐트러뜨리면서 스트레스를 해소한다. 의류 매장 앞에 매대를 놓는 이유가 여기에 있다.

139

도요새 고객 DNA
도요새 고객은 좋은 것은 더욱 좋게, 나쁜 것은 더욱 나쁘게 평가하는 경향이 있다.
일단 고객이 무조건 옳다는 것을 전제에 두고 대화한다면 충성고객이 될 확률도 높다.

캥커루 고객

**아이가 물건을 좀 흐트러뜨리거나
마네킹을 만지더라도 혼내기보다 예뻐하면
부모의 마음도 녹는다.
아이를 공략해서 엄마가 사게 할 수 있다.**

자녀 칭찬에 약한 캥거루 고객

아이를 데리고 쇼핑을 하러 온 부모는 아이에게 잘해주는 사람에 이끌린다. 아이가 물건을 좀 흐트러뜨리거나 마네킹을 만지더라도 혼내기보다 예뻐하면 부모의 마음도 녹는다. 아이를 공략해서 엄마가 사게 할 수 있다. 주로 오프라인 매장에서 이런 고객들을 공략할 수 있다.

캥거루 고객 DNA
모든 상품의 추가구성(상품 또는 서비스)을 아이에 맞춰라. 맥도널드의 해피밀 세트를 생각해보라. 아이 장난감을 위해서 저자는 3년간 입맛과 상관없이 해피밀만 먹었다.

원숭이 고객

**"연예인 아무개도 즐겨하는"
식의 말에 약하다.
남들이 한다고 하면
나도 무조건 하고 싶다.**

따라 하고 따라 사는 원숭이 고객

"몇 십만 개 돌파기념, 단 한 번의 찬스, 대한민국 3명 중 한명이 구매한 꼴, 해외 10개국 수출상품, 세계인이 함께 쓰는, 연예인 아무개도 즐겨하는"식의 말에 약하다. 남들이 한다고 하면 나도 무조건 하고 싶다. 중소기업 상품은 아는 사람들이 별로 없지만 어느 연예인이 "자기가 써봤더니 좋다"라고 말하면 '나도 써보고 싶다'는 생각이 든다.

원숭이 고객 DNA
상품평, 인증, 추천, 판매 데이터는 사회적 동물인 인간의 보편타당성을 추구한다.
첫 구매 리스크를 줄이려는 고객에게 소구하려면 근거자료를 철저히 준비해야 한다.

원앙 고객

무엇을 사더라도
연인을 생각하는 경향이 강하며,
데이트를 즐길 수 있는 놀이시설이나
레스토랑 식사권, 영화상품권 등의
사은품에 끌린다.

커플 지상주의 쇼핑족 원앙 고객

아이가 없는 젊은 부부나 커플은 1+1 구성이나 주말 할인을 활용해 사로잡을 수 있다. 이들은 무엇을 사더라도 연인을 생각하는 경향이 강하며, 데이트를 즐길 수 있는 놀이시설이나 레스토랑 식사권, 영화상품권 등의 사은품에 끌린다. 연인 할인 증정 행사 같이 연인들의 눈길을 사로잡을 수 있는 이벤트가 효과적이다.

원앙 고객 DNA
똑같은 것을 함께 소비하고 체험하려는 고객의 본능을 채워주어라. 커플티, 커플폰, 커플세트 음식과 음료, 커플용품은 개발하기에 따라 무한정이다. 커플이 반드시 남녀라는 고정관념을 버리자. 남남, 녀녀, 노소, 부자, 모녀, 친구, 남매, 형제…도 있다.

참새 고객

전단지나 카탈로그에서 몇 백 원 싸게 판다고 광고하면 그것을 구입하러 분주하게 움직인다.

좁쌀 하나라도 주워 먹는 참새 고객

참새가 좁쌀 하나를 주워 먹듯이 작은 할인에 이끌린다. 전단지나 카탈로그에서 몇 백 원 싸게 판다고 광고하면 그것을 구입하러 분주하게 움직인다. 주머니가 가벼운 고객 유형이며 주로 알뜰한 주부들이 많다. 참새고객은 일단 한발을 들여놓게 하는 것이 중요하다. 그러면 어떻게든 뒷발이 따라들어오게 되어 있다.

143

참새 고객 DNA
쌓아놓지 않고 조금씩 조금씩 그때그때 구매하는 고객으로 대한민국 골목상권의 주요 고객이기도 하다. 별 준비 없이 트레이닝복에 가볍게 모자를 눌러쓰고 집밖으로 나와 쇼핑할 수 있는 가장 편안한 쇼핑족이기도 하다.

오리 고객

**오리 고객은 '땡처리족'이라고도 불리는데
땡처리할 때만 기다렸다가
남은 제품이 그리 마음에 들지 않아도
사 가기 때문이다.**

남은 것도 거둬가는 오리 고객

오리는 찌꺼기를 좋아한다. 오리 고객은 '땡처리족'이라고도 불리는데 땡처리할 때만 기다렸다가, 남은 제품이 그리 마음에 들지 않아도 사 가기 때문이다. 시장의 '깔세'나 폐업정리 점포, 지저분하게 진열된 상품도 개의치 않으며 상식 밖으로 저렴한 가격에도 의심 없이 산다. 이런 고객은 "오늘만, 딱 한 번의 기회"라든가 "점포정리"라는 말에 적극적으로 반응한다. 오리 고객을 공략하기 위해서는 박스에 들어 있던 것도 뜯어서 수북이 쌓아 놓고 판매한다.

오리 고객 DNA
알고 있는가? 의류의 마지막 단계는 kg단위로 거래되고 있다는 것을. 신제품(당해년도) → 세일(1,2차년도) → 땡처리(3년이상)의 단계별 고객들은 반드시 존재한다. 패션의 완결(?)은 땡처리이고, 그 주요 고객은 오리 고객이다.

기린 고객

**상세설명을 꼼꼼히 살피고
여러 가지를 확인한다.
신중하고 체면을 중시하는 그들은
말하기 싫어해서
점원이 설명하러 오면 피한다.**

독야청청 체통 구매 기린 고객

기린은 목이 길어서 이곳저곳을 잘 살핀다. 기린 고객은 상품을 구매할 때 상세설명을 꼼꼼히 살피고 여러 가지를 확인한다. 신중하고 체면을 중시하는 고객들이 많다. 그러나 말하기 싫어해서 점원이 설명하러 오면 피한다. 따라서 기린 고객에게는 상품의 기능과 장점을 설명하는 상세 설명서(POP)가 효과적이다.

기린 고객 DNA
묻지도 따지지도 않는 기린 고객을 위한 상품의 POP(Point of Purchase)에 강조하는 구매포인트가 중요하다. 상세설명서의 비중은 텍스트(글자) → 픽쳐(그림) → 인포그래픽(그림정보)으로 발전하고 있다.

그때그때 달라지는 카멜레온 고객

지금까지 여러 유형을 설명했지만 요즘 고객은 카멜레온이다. 백화점에서는 나비 고객이었다가 마트에서는 오리가 되기도 한다. 그래서 공략하기가 힘들다. 판매자 역시 그런 고객에 맞춰서 수시로 변신해야 한다.

고객 유형 정리

나비 고객
꿀벌 고객
나방 고객
도요새 고객
캥거루 고객
원숭이 고객
원앙 고객
참새 고객
오리 고객
기린 고객

카멜레온 같은 고객의 취향, 만족시킬 준비는 되었는가?

Target
상품에 고객을 맞출 것인가
고객에 상품을 맞출 것인가

당신의 고객은
누구인가

상품이 아니라 사람이 중심

오프라인 매장과 달리 홈쇼핑은 고객을 대면해 판매하는 것이
아니기 때문에 얼굴을 보고 설득하거나 판매할 수가 없다. 일면
식도 없는 불명확한 시청자를 대상으로 내 상품을 어떻게 판매
할 것인가? 무조건적인 호객행위는 소음일 뿐이며, 무조건적인
마케팅과 홍보는 스팸으로 전락한다. 먼저 내 상품을 살 사람을
그려보라.

최근 홈쇼핑에서 많이 팔린 상품들은 무엇일까? 2014년 통계를 기준으로 알아본다.

타깃 고객을 설정하라

먼저 시장세분화(segmenting)가 필요하다. 성별, 연령, 소득, 지역 등으로 소비자를 세분화한다. 최근에는 가치관이나 라이프스타일로 나누는 경우도 많다. 하나의 덩어리로 보여 막막하던 소비자를 이렇게 나누다 보면 점점 나의 고객이 선명해진다.

그다음은 타깃설정(targeting) 단계다. 세분화한 시장 중에서 당신의 상품을 구매할 가능성이 높은 집단은 누구인가? 타깃 고객의 소비력은 충분한지, 성장 가능성은 어떠한지 잘 판단해서 선정해야 한다. 그래야 지속적으로 이윤을 남기며 판매활동을 할 수 있다.

구매고객 정보를 통한 정보 수집

오프라인 매장에서는 고객을 파악하기 위해 마켓 리서치를 통한 간접적인 방법을 쓸 수밖에 없다. 그러나 홈쇼핑은 구매고객의 정보를 직접적으로 상세히 파악할 수 있다. 홈쇼핑에서 구매하는 이들은 구입한 상품 내역과 연령, 성별을 남기는 것은 물론이고 구매 후기를 올리기도 한다. 이는 홈쇼핑의 장점이기도 하다. 이렇게 저절로 얻어지는 데이터베이스 축적을 통해 고객 정보를 분석함으로써 판매 예측과 전략도 짤 수 있다. 고객을 정확히 분석해서 향후 어떤 상품을 구입할지 예측한다면 얼굴을 마주할 수 없어도 쌍방향 커뮤니케이션을 할 수 있다.

1) 식품 (19.4%)　　2) 화장품 (12.5%)　　3) 기타(미분류 제품) (10.9%)

콘크리트 소비자

지금의 소비자를 '콘크리트(concrete) 소비자'라고 한다. 콘크리트가 외부에서 오는 충격에 반응이 없듯이 현대 소비자도 기업의 마케팅에 무감각하다는 것에 빗대 나온 용어다. 광고 홍수 속에서 소비자들은 기업의 홍보와 마케팅 활동에 무관심해지고 있다. 소비자들은 욕구가 다양하고 취향도 까다로워 기업이 이끄는 대로 따라가지 않는 성향을 보인다. 이제는 특정 집단의 수요를 충족시키는 맞춤식 마케팅 활동을 펼쳐야 한다. 시장을 세분화하고 서로 다른 고객층에 맞는 특화 전략을 취해야 한다.

달걀로 콘크리트 치기?

**무뎌지고 딱딱해진 고객의 마음에
빈틈을 노려 파고들 수 있는,
특화된 메시지를 던져야 살아남는다.**

4) 의류 (10.2%)   5) 가전제품 (8.4%)   6) 주방용품 (8.0%)

주요 타깃은 30~40대 여성

홈쇼핑 구매층의 80% 이상이 30대 이후의 여성 고객이다. 그러다 보니 가장 시청률이 높고 구매율이 좋은 프라임 타임은 오전 9~11시와 오후 8~11시. 주부들이 남편과 자녀를 출근시키느라 바쁜 아침을 보내고 쉴 수 있는 시간대와 TV를 켜놓을 수 있는 저녁 시간대다. 이 고객층을 공략할 수 있는 생활잡화나 화장품, 식품류 등을 준비해야 하는 시간이다.

30~40대 여성

그 중에서도 40대 중반.
홈쇼핑을 생각한다면
"반드시 사로잡아야 할 고객"

7) 스포츠 건강용품 (7.5%)   8) 잡화 및 보석 악세서리 (7.3%)

새로운 강자, 50대의 구매력을 잡아라

2007년까지만 해도 홈쇼핑은 30~40대가 주 타깃으로 중장년층에게는 어려운 채널이었다. 그러나 최근 50대가 주요 고객으로 떠오르고 있다. 노령화로 인해 '젊은 시니어'라 불리는 50대는 왕성한 소비활동으로 경제 주체로서 활약하고 있다. 여가시간이 많고 경제력을 갖추고 있기에, 순발력 있는 제조공급업체라면 구매력이 높은 50대를 겨냥해야 한다.

이에 중장년들이 주로 관심을 갖는 소형가전, 주방기기, 건강식품, 취미용품 등을 비롯해 중장년 주부들을 타깃으로 한 합리적인 가격의 이미용 제품을 기획할 필요가 있다. 또 복잡하거나 번거로운 과정을 줄이고 신뢰를 높여 50대를 공략해야 한다. 50대 이상 중장년층은 채널이나 구매 패턴을 쉽게 바꾸지 않아 충성도가 높은 고객이기 때문이다.

50대 고객

구매력은 40대에 밀리지 않는다!
한번 생긴 충성도는 강력하다.

151

9) 생활용품 및 가구 인테리어 (7.0%)   10) 란제리 모피 (5.2%)

패션 카테고리와 플랫폼 다양화로 20대를 껴안아라

비식품 카테고리에서는 잡화 및 패션이 급격하게 확장되고 있다. 이 카테고리에서는 20~30대의 구매 비율이 높다. 홈쇼핑에서 운영하는 모바일앱과 인터넷몰에서 구매하는 비율은 20~30대가 60%에 달한다. 따라서 전통적인 TV, 전화, 카탈로그에서 인터넷과 모바일로 발빠르게 서비스를 전환해 젊은층의 유입을 유도해야 한다. 더불어 좀 더 감각적이고 젊은층의 구미에 맞는 잡화, 패션 상품을 선보이고 '요즘 트렌드는 이것!'이라는 트렌드세터의 역할을 해야 한다. 패션 카테고리는 홈쇼핑 업계 전체 매출액의 40% 이상을 차지하면서 홈쇼핑 성장세에 큰 힘이 되고 있다.

20대 고객

트렌드로 공략하라!
고객과 썸을 타듯 다가가라.

11) 도서 및 아동 (2%)　　　12) 여행상품 (1.5%)

홈쇼핑 고객은 누구인가

당신의 타깃 고객은 언제, 어떤 TV 프로그램을 시청하는가? 그렇다면 언제 채널을 돌리며 홈쇼핑 방송에 노출될 것인가? TV라는 광범위한 세계에서 당신이 목표로 한 소비자를 찾기 위해서는 홈쇼핑을 이용하는 실태와 소비자의 성향을 파악해야 한다.

홈쇼핑사의 자체적 고객 분석과 고객에게 직접 설문조사하여 듣는 것 모두 의미 있는 분석 데이터가 될 수 있다. 고객의 의식적, 무의식적 행동을 파악하는 것과 고객이 생각하는 바를 수용하는 것은 홈쇼핑 사업에서 앞으로의 방향을 설정하는 데 있어서 매우 중요하다.

40대 고객 공략상품 세분화 사례

47세 이상 고객
패션잡화, 여성캐주얼, 명품, 건강, 주방가전

44~46세 고객
레저스포츠, 기초화장품, 생활용품, 일반식품, 대형가전, 언더웨어, 주방 단품, 침구, 주얼리, 건강식품, 남성의류, 가구/리빙, 생활가전

44세 미만 고객
아동교육, 이·미용품, 색조화장품, 컴퓨터, 멀티미디어 기기

Home shopping Customer

고객을 아는 것이
상품 기획의 시작이다

홈쇼핑 고객 성향 분석

TV홈쇼핑 주요 이용시간대는 10시, 20~24시

온라인 유통채널인 인터넷 종합쇼핑몰과 TV홈쇼핑은 주로 오전 10시~12시 또는 저녁 8시~12시에 이용 또는 방문하는 경우가 많았다. 한편 오프라인 유통채널인 대형할인마트, 백화점, 재래시장, 전자제품, 전문점, 대형쇼핑상가나 상설아울렛에는 오후 2시 이후에 방문하는 경우가 좀 더 많았다. 단, 재래시장과 전자제품 전문점은 온라인과 비슷하게 오전 10시~12시에 방문하는 경우도 상대적으로 높았다. 구매시간대별로 판매 채널을 확보하고 메인 쇼핑 시간에 승부수를 띄워야 한다.

사용해보지도, 들어보지도 않은 상품을 만져보지 않고 TV화면을 통하여 구매하는 사람들은 리스크를 떠안고 새로운 것을 경험하는 모험성 강한 고객이다.

홈쇼핑 고객을 이해하는 키워드

참을성

충동구매

재핑

관심상품

참을성이 없다

홈쇼핑의 고객은 참을성이 없고 충동구매가 강한 고객으로 분석되었다. 홈쇼핑을 시청하는 고객의 70%가 1분 안에 시청하는 곳을 이탈한다. 최후까지 남아서 구매하는 고객은 1.2%에 불과했다. 1분 안에 고객을 잡을 전략이 필요하다.

전체 소비자를 100%로 봤을 때 대략 16%의 고객이 이러한 고객이며 론칭의 성패를 좌우한다. TV홈쇼핑 고객은 사실상 이 16%를 제외한 나머지 고객일 확률이 높다.

충동구매를 한다

'트렌드모니터'에서 TV홈쇼핑 이용 경험이 있는 성인남녀 1,200명에게 조사한 결과, 물품 구매는 시청 도중 이뤄지는 것으로 나타나, 다소 '충동적인 구매'가 43.8%에 달했다. 전체 응답자의 89.9%는 한 번쯤 충동구매를 경험해본 것으로 나타났다. 특히 여성과 기혼 응답자는 충동적 구매 성향이 높은 것으로 나타났다.

'재핑'에 능하다

재핑(zapping)이란 '빨리 움직인다'는 뜻으로 TV를 시청할 때 광고나 흥미 없는 부분이 나오면 채널을 돌려 흥미로운 부분만 찾아 보는 시청습관을 뜻한다. 케이블, IPTV의 채널 수가 증가하면서 더욱 빈번하게 발생하는 시청행태다.

　홈쇼핑 채널은 지상파 채널 사이에 자리 잡고 있다. 시청자는 지상파의 프로그램 사이사이의 광고 시간이나 재미없는 부분에서 채널을 이리저리 돌리다가 홈쇼핑을 보는 경우가 많다.

관심상품만 본다

고객은 무조건 충동구매를 하는 게 아니다. 재핑을 하다가도 모르는 상품이 나오면 그냥 넘어간다. 평소 관심이 있던 상품이면 당연히 채널은 멈춘다. 상품은 인지도가 있어야 한다. 빨간색 소나타를 사고 싶으면 길을 다닐 때 그 차종만 보인다.

좋은 상품으로 검증되었거나 인기있는 상품들을, 채널을 돌리다 충동적으로 구매하는 사람들이 홈쇼핑 고객이다.

홈쇼핑을 하는 이유1.
상대적으로 저렴한 가격

다른 유통채널에 비해 홈쇼핑을 찾는 가장 큰 이유는 상대적으로 저렴한 가격 때문이다. 유통 단계를 축소해 생산자와 소비자를 바로 연결해주고 중소기업 중에서 좋은 제품을 저렴한 가격에 살 수 있다는 신뢰를 기반으로 한다. 또 무이자 할부나 추가 구성 같은 서비스는 상대적으로 싸다는 느낌을 주어 사람들을 끌어들이는 중요한 요인이 된다.

명분도 필요하다

예전에는 식품류는 주부를 타깃으로 주로 오전시간대 방송했다. 그런데 주부가 혼자 결정해 구입해서 가족 반응이 좋지 않으면 쇼핑의 명분이 서지 않는다. 그런 점 때문에 방송을 저녁시간대로 이동해서 가족이 다 같이 보면서 구매할 수 있도록 했다. 반면 의류는 오전시간대에 집중 방송한다. 주부가 가족 눈치를 보지 않고 구입할 수 있도록 한 것이다. 이처럼 고객에게 구입할 핑계거리를 만들어줄 필요가 있다.

157

우리의 상품은 위험이 없고(무조건 마음에 안 들면 반품/환불 가능), 각종 데이터를 통해 검증되었으며, 추천과 상품평 등을 통해 인기 상품임을 강조해야만 한다.

홈쇼핑을 하는 이유2.
편리성

이동할 필요가 없는 편리성도 홈쇼핑의 가장 큰 강점이다. 집에서 편하게 전화로 쇼핑을 하면 상품을 빠른 시일 내에 집에까지 가져다준다. 전화상담원과 쌍방 소통이 가능하고 환불과 반품도 쉽다.

충동구매 vs. 인터넷 비교 구매

홈쇼핑의 물품을 구매하는 방식은 시청하면서 구매하는 다소 충동적인 구매(43.8%)와 구매희망 제품을 인터넷을 통해 재확인후 구매하는 계획적인 구매(41.3%)가 비슷한 수준으로 나타났다. 그러나 주로 여성과 기혼인 경우 시청하면서 구매하는 충동적 구매 성향이 높은 반면, 남성과 미혼 응답자는 계획적인 구매 성향이 좀 더 높게 나타났다. 무심코 홈쇼핑 방송을 보는 사람들을 사로잡을 방송 기획과 스토리텔링이 필요하다. 또 인터넷으로 비교 후 구매하는 사람이 적지 않은 만큼 온라인과 오프라인 가격에 대한 구체적인 전략을 세워야 한다.

전문가 게스트에게 신뢰감을 느낀다

홈쇼핑을 보다가 제품이 눈에 띄는 정도는 쇼핑호스트와 전문

홈쇼핑의 게스트(유명 연예인, 전문가 등)는 채널을 돌리는 재핑 시 채널을 고정시키는 효과를 가져온다.

홈쇼핑을 하는 이유3.
제품의 품질과 차별성

사람들이 홈쇼핑에 끌리는 또 다른 이유는 품질이 우수하다는 것, 그리고 시중에서 구하기 힘든 상품을 볼 수 있다는 것이다. 인지도가 낮은 중소기업의 상품이지만 새롭게 개발되고 품질이 우수한 상품, 혹은 미처 모르고 있는 숨은 진주 같은 상품을 홈쇼핑에서 접할 수 있다. 기능과 디자인 등을 가시적이고 상세하게 보여줄 수 있다는 장점 때문에 중소기업의 상품들도 잘 팔린다. 중소제조업체 입장에서는 제품만 좋다면 좋은 기회가 된다.

가 게스트가 함께 진행할 때가 가장 높았다. 쇼핑호스트와 연예인 게스트의 조합도 전문가 게스트보다는 임팩트가 작은 것으로 나타났다. 그다음은 쇼핑호스트와 일반 소비자 패널이 함께 진행하는 경우이고, 쇼핑호스트가 단독으로 진행할 때는 제품에 대한 인상이 가장 낮은 것으로 평가된다.

인터넷 쇼핑몰보다 홈쇼핑을 선호하는 사람들도 그 이유로 쇼핑호스트나 게스트의 설명을 들으면 이해하기 쉽기 때문이라는 점을 가장 크게 꼽는다. 방송을 제작할 때 어디에 중점을 둬야 할지 시사점을 준다. 쇼핑호스트와 게스트의 스토리텔링을 매력적으로 구성하기 위해 노력해야 할 것이다. 전문가 게스트를 육성해 신뢰감과 전문성을 갖출 필요가 있다.

대부분은 알고 있는 누군가가 나왔을 때 잠깐 뭐 하나 하고 보는 정도이고, 사실상 제품의 구매와는 관련이 적다.

오늘만 주는 추가구성, 먹힐까?

생방송 시 제공하는 추가구성에 대해 사람들은 그 방송 시간에만 받을 수 있는 혜택으로 인식하는 경우가 높지 않았다(38.8%). 추가구성의 희소성에 대한 평가가 다소 낮은 수준이며, 대체로 다른 곳에서도 받을 수 있거나 다음 방송에서도 받을 수 있다고 평가하는 사람이 많았다. 정말로 '오늘만 주는', 희소성 있는 추가구성을 개발해야 한다.

계절별 자주 구입하는 TV홈쇼핑 품목은?

소비자들이 홈쇼핑에서 물건을 구매할 때는 어떤 품목을 주로 구입할까? 그 품목을 살펴보면 신상품 개발에 참고할 기준이 된다. 가장 자주 구입하는 품목은 의류, 화장품, 식품, 주방용품이다. 그러나 계절별로 약간의 차이가 있다.

날씨가 따뜻해지고 두터운 외투를 벗어던지는 봄에 가장 많이 구입하는 품목은 의류이고 그다음이 화장품이다. 사람뿐 아니라 집도 새단장을 하는 계절인 만큼 침구류도 많이 팔린다. 여름 역시 의류와 화장품 순으로 많이 팔리며 노출이 많은 계절인 만큼 언더웨어도 주로 구입하는 품목이다.

가을로 접어들면서 의류, 화장품과 함께 식품류가 많이 팔린다. 말이 살찌는 계절에다 추석이 있다 보니 홈쇼핑에서도 식품을 많이 구입한다. 겨울철에도 설이나 연말모임 등이 많다 보니 가을보다 식품의 구입 비중이 높아진다.

제품 구매는 유명 연예인이나 유명 전문가가 상품과 제품 개발이나 사용경험 등 관련성이 있고 제품과 잘 어울려져서 호감도가 높을 때 주로 일어난다.

홈쇼핑 단골 상품

가장 자주 구입하는 품목은
의류, 화장품, 식품, 주방용품

봄에 가장 많이 구입하는 품목은
의류와 화장품

여름에도 의류와 화장품,
그리고 언더웨어

가을로 접어들면서
의류, 화장품과 함께 식품류 인기

겨울철엔
식품의 구입 비중이 높아짐

건강, 패션, 이미용품에 개그맨이 출연한다면 채널 고정이야 되겠지만 사고 싶다는 욕구보다는 제품이 코믹하게 표현될 위험이 있다. 단, 식품, 생활용품에서는 즐겁게 먹고 사용할 수 있다는 점을 강조하기에 효과적이다.

홈쇼핑 성공 노트

불변의 법칙

05

엠디의 눈으로 보고

엠디
입장에서
기획하라

엠디의 마음으로 일하라!

MD's Function

지피지기 백배매출!

너희가 진정
엠디를 아느냐

엠디가 왜 필요할까?

대기업처럼 유명 연예인을 써서 홍보광고, 이미지광고를 할 수 없는 중소기업에서는 브랜드네임, 슬로건 하나, 상세 페이지 한 장, 포장문구, 제품소개서 등이 무척 중요하다. 고객이 처음 구매를 시도할 수 있도록 갖고 싶고 써보고 싶게 설득할 수 있는 상품기획이 필요하다. 아무리 판로를 잘 개척하더라도 고객이 사게 만드는 상품을 기획할 수 있는 엠디가 필요한 이유다.

167

엠디의 업무 내용과 프로세스를 파악해 대응한다.

엠디는 마케팅, 재무, 생산, 물류, 평가 등 제품이 상품화되어 고객에게 전달되기까지의 모든 과정에 관여하지만 그중 제일 주요한 업무는 상품기획이다. 홈쇼핑의 모든 일은 상품기획으로 통한다. 홈쇼핑의 거의 모든 업무는 엠디를 통해 이루어진다. 홈쇼핑 판매의 성공을 위해서는 엠디의 입장에서, 그들의 관점으로 접근해야 한다.

엠디의 프로세스에 뛰어들어라

엠디 프로세스를 정확히 알고 담당 엠디의 역할을 파악해야만 막연한 기대에서 벗어나, 실질적이고 정확한 사전대응과 사후대응을 할 수 있다. 담당 엠디의 프로세스를 알고 그에 따라 엠디가 어떻게 움직이는지 동선을 파악하라!

엠디의 업무는 어떤 회사 어떤 엠디이든 예외 없이 목표관리에서 시작된다. 엠디는 달성해야 하는 목표를 향해 가능한 모든 수단과 방법을 동원하고 싶은 사람들이다.

엠디의 생명은 몇 년인가? 대형유통의 엠디는 회사에서 임명하고 발령내는 자리로 짧게는 6개월부터 길게는 10년 이상 근무를 한다. 근무 개월수의 차이는 실적과 평판이다.

엠디의 주요 업무 프로세스

목표관리

상품기획

상품확정

방송전략준비

상품편성

방송전략리뷰

팔로업(Follow Up)

1시간 3억원씩 하던 매출을 계속 1억원 수준에 그쳐 2억원이나 미달하는 엠디에게
방송 시간을 계속 줄 수 없기 때문이다. 그러다 보니 엠디는 매출의 압박에
심하게 시달리며, 업체에게 과한 추가구성 및 가격협상을 요구하기도 한다.

목표관리

사업계획수립
시즌별 목표관리
월별/주차별 목표관리

엠디는 개발, 운영, 관리의 균형과 조화를 추구한다

엠디는 홈쇼핑사를 대표하여 전체 산업과 시장을 분석하고 미래를 예측하여 상품을 기획, 개발한다. 트렌드를 읽을 줄 아는 통찰력과 전체를 보는 눈이 필요하다. 상품 후보군을 물색하고 상품을 채택해 업체에 주문하는 과정, 즉 개발 능력이 절실하다. 환경분석과 타깃시장조사, 협력업체조사는 인터넷 검색이나 박람회, 경쟁사의 방송상품을 참고로 이루어진다. 대부분은 가만히 앉아있어도 엄청난 양의 제조업체 상품이 상담 신청 및 입점 의뢰로 담당자의 컴퓨터로 들어온다.

엠디는 공급업체에게는 소중한 1차고객이다. 1차고객을 만족시키지 못하면 2차고객인 소비자에게 절대 다가갈 수 없다.

상품기획

환경분석
타깃시장조사
협력업체조사

 일 잘하는 엠디는 자신이 작은 회사라는 생각으로 맡은 상품의 유통, 판매 과정을 운영하고 있다. 경쟁사가 비슷한 상품을 출시하지 않는지 시장을 주시하면서 충분한 재무 지식을 가지고, 자신이 맡은 상품을 운용·경영하고 있는 것이다. 또 원가에 따라 가격대를 산정해 손익을 계산하며 상품을 기획한다.

 엠디는 상품을 주문한 후에는 잘 생산되고 있는지 관리해야 하는 사람이다. 완료된 상품을 가지고 일정을 잡아 방송을 해야 한다. 우수한 상품을 관리 소홀로 놓친다면 엠디와 회사 모두에게 악영향을 끼치므로 협력업체들과 상생과 신뢰의 관계를 형성하기 위해 노력하는 것이다.

실력있는 엠디는 가격 외의 매출 대박요인을 반드시 찾아낸다. 가격 파괴에만 꽂힌 엠디는 쉼 없이 업체에게 가격인하, 추가구성만을 요구할 것이다.

```
상품확정

업체조사 및 상담
샘플 및 서류 검토
엠디 상품 선정
상품등록
QA 및 구매절차 점검
신상품선정위 보고
```

엠디와 공급업체는 모두 소비자를 향한다

엠디 업무의 중심에는 소비자가 있다. 고객의 관점에서 모든 것을 판단하고 기획한다. 홈쇼핑은 홍보방송이 아닌 판매방송이다. 고객이 방송을 보고 당장 사지 않는다면 무슨 의미가 있겠는가? 생방송에서 다음은 없다. 모든 평가 또한 즉시 이루어진다. 매출을 달성하지 못하는 엠디는 1년을 버티기도 힘들다. 지금 방송하는 상품과 엠디는 수명을 함께한다. 따라서 상품개발에서부터 모니터링, 판매 및 배송, 평가 및 분석까지, 모든 업무는 소비자의 니즈를 충족시키고 만족을 주는 것을 목표로 한다.

잘난 엠디를 만나 론칭하는 것은 업체 입장에선 복이다.

```
방송전략준비

프로모션 협의
인서트 의뢰
콘셉트 시트 작성
```

이 점에 있어서 공급업체와 엠디는 뜻을 같이 하는 운명 공동체이다. 소비자를 만족시킬 수 있는 제품과 서비스, 가격을 준비하면 엠디는 자연히 설득된다. 달리 말해, 엠디를 설득할 수 있는 상품기획이라면 소비자도 만족한다는 것이다.

유관부서와의 커뮤니케이션

일단 홈쇼핑사의 모든 일은 엠디를 통하여 진행되지만, 엠디는 QA, 심의팀, 방송제작팀, 홍보영업팀, 콜센터 등 여러 부서와 의사소통하며 업무를 진행한다. 각각의 부서가 제조공급업체를 상대로 각각의 업무를 펼쳐나간다면 프로세스는 상당한 혼선을 빚게 될지도 모른다. 결국 엠디의 역할은 안으로는 각 부서의 의견과 요구를 종합하고 중재하며 밖으로는 회사와 업체를 연결하는 채널로서의 책임을 맡고 있는 게 아닐까.

하지만 못난(?) 엠디를 만나는 것은 업체에겐 재앙이 될 수도 있다.

상품편성

팀별 편성회의
상품 POOL 등록
주간편성 확정

엠디가 책임을 지고 진행하지만 엠디 혼자 모든 일을 다할 수는 없다. 상품과 관련된 부서들을 체크해보면 엠디가 있는 상품기획팀을 중심으로 방송을 제작하는 PD, 쇼핑호스트가 소속되어 있는 방송제작팀, 이 제작물들을 심의하는 방송심의팀, 방송편성과 마케팅 등을 담당하는 영업전략팀 또는 마케팅편성팀, 방송할 상품의 품질을 검사하는 QA 품질관리팀 또는 QC, 상품 입고 및 배송을 담당하는 구매물류팀, 소비자의 문의를 받고 CS를 처리하는 소비자관리팀 또는 콜센터가 있다. 이러한 관련부서 어느 곳이라도 소홀이 하면 방송은 물론, 방송 후에도 좋은 결과를 기대하기 어렵다.

여러 홈쇼핑사의 엠디들과 상담해보는 것이 중요하다. 진정성을 가지고 홈쇼핑사와 공급업체 모두 윈윈하겠다는 소명의식을 가진 엠디는 국가적으로도 소중한 인재이다.

방송전략리뷰

피디/쇼핑호스트/엠디/협력업체 미팅
생방송 모니터링
방송리뷰

엠디 주변도 두루 살펴라

엠디가 중요하긴 하지만 스마트한 제조공급업체라면 엠디에게
만 의존하기보다 이런 유관부서들도 눈치껏 함께 관리해야 한
다. 상품에 대한 기본적인 평가에선 통과하더라도 쇼핑호스트
와 PD에게 대박의 느낌을 깊이 전달하지 못하면 고객을 설득하
기 어렵다. 심의팀에 관련자료를 제출하지 못하면 잘 만든 영상
물도 가위질당해 전체 콘셉트가 흔들릴 수 있다. 마케팅 및 편성
단계에서 트렌드와 이슈, 매출에 대한 확신이 설득되지 않으면
자꾸 B급 시간대로 밀려나게 된다. QA팀의 품질요소에 부적격
평가를 받으면 통과될 때까지 방송날짜가 미뤄질 수 있다. 소비
자 응대를 제대로 하지 못해 불만 접수가 늘어나면 다음 번 방
송편성에 불이익을 당한다.

175

엠디 코칭 전문기관을 통하여 수준 높은 엠디를 육성하는 것도 대한민국 산업 발전을
위하여 필요하다고 본다.

팔로업(Follow Up)

고객CS 및 방송심의 처리
전환율 관리
협력업체 관리

엠디의 모든 업무는 유기적 관계

모든 업무는 유기적 관계를 형성한다.

**신상품 협력업체 개발 – 판매 및 생산기획 –
광고 및 프로모션 – 시장조사 및 정보수집,
매출/환경 분석, 경쟁상품 분석 –
평가 및 대안 수립**

일 잘하는 엠디가 많아야, 좋은 상품이 더 많이 팔린다. 좋은 상품의 대박이 많아져야,
제조업체도 성공하고 홈쇼핑사도 성장하고 고객들도 행복해진다. 기-승-전-엠디...

Relationship
어떻게 접근할 것인가

엠디와 관계 맺기

인맥을 관리하라

홈쇼핑사뿐 아니라 담당 엠디의 히스토리도 사전조사를 하면 좋다. 엠디가 어디 출신인지, 이전에는 어떤 상품들을 담당했는지, 해당 상품은 언제부터 담당했는지 알아보자. 홈소핑업계의 엠디는 한정되어 있고, 업계가 좁기 때문에 인맥도 거의 연결되어 있다. 한 사람만 거치면 다들 알 정도다. 따라서 1명의 엠디를 안다는 것은 10명의 엠디를 아는 것과 같다. 엠디를 통해 다른 엠디를 소개받으면 그 역시 큰 도움이 된다.

엠디를 둘러싼 환경과 애환을 알면 관계형성에 도움이 된다. 제조업체는 엠디를 주로 상대하지만 사실 엠디는 혼자가 아니기 때문이다. 그래도, 기-승-전-엠디...

1분, 1초가 아까운 엠디, 필요한 건 스피드

엠디는 시간을 분, 초 단위로 쪼갠다. 1분에 수억을 팔고 1시간 방송으로 중소기업 연간 매출을 달성할 수 있는 홈쇼핑, 시간당 효율이 높다보니 주별, 일별 운영 또한 모든 것이 매출액, 이익 금액 수치로 움직인다. 방송 한 번 펑크 나면 1억, 2억이 1시간 만에 날아간다. 이렇게 긴박하게 돌아가므로 제조공급업체 또한 엠디에게 접근할 때는 신속하게 움직여야 한다.

그래서 엠디는 항상 바쁘다. 방송시간에 따라 퇴근도 대중없고 주말에 방송이 잡히면 주말도 반납해야 하는 경우가 허다하다. 24시간 자기 상품을 생각하고, 기획과 개발 일 외에도 손이 부족하면 택배 포장 등 잡일도 해야 한다.

이렇다 보니 제조공급업체의 길고 장황한 얘기를 들어주기가 힘들다. 이때 유용한 것이 '엘리베이터 스피치' 기술이다. 엘리베이터를 타고 내리기까지 60초 안에 상대를 설득하는 것을 뜻한다. 내 상품에 대해 짧은 시간 안에 뇌리에 남을 만큼 간결하고 매력적인 메시지를 전달할 수 있어야 한다.

강한 인상을 남기는 법

엠디는 정보의 우위를 점하고 있다. 항상 굉장히 많은 상품 정보에 둘러싸여 있어 상품의 소중함을 개별적으로 느끼기는 쉽지 않다. 특히 중소기업의 상품을 제대로 기억하기란 쉽지 않다. 들판에 핀 수많은 들국화 중 하나일 뿐이다.

엠디는 보통, 신입사원으로 MA(보조엠디)로 시작하여 경력을 쌓아 1~2년 후 OJT 후 정식 엠디로 근무하게 된다.

자신의 상품만을 강조하고, 자랑하고, 구구절절 설명하는 식은 별로 효과적이지 않다. 항상 바쁘고 방송 매출에 시달리는 엠디로서는 사전에 인지되지 않은 상품설명서를 계속 읽고 있을 만큼 집중력과 인내를 유지하기가 어렵기 때문이다.

엠디도 고객이고 소비자다. 엠디에게 상품을 설명할 때는 같은 상품군 중에서 매출 및 인지도가 1위인 제품을 언급해 주의를 환기시키는 것이 좋다. 자신의 상품이 1위 상품보다 좋은 점을 비교하며 설명하는 것에 주력하면 매우 효과적이다. 무조건 1등 상품과 함께 비교하여 설명하라. 가장 쉽게 내 상품의 인지도를 높이는 방법이다.

실패를 염두에 두고 대비한다

엠디는 '대박'을 터뜨릴 수 있지만 그 반대도 물론 발생한다. 그만큼 매출에 대한 압박이 심하다. 연간 매출 목표를 달성했을 때는 '당근'을 받게 되겠지만 그 반대의 경우에는 다른 곳을 알아봐야 할 정도로 위태롭다. 소비자에게 외면당한 후 뒷수습을 하는 것이 엠디에게는 가장 힘든 시간이다. 이처럼 냉정한 곳에서 살아남기 위해 엠디는 상생이나 이해보다는 협박에 가까운 무리한 협상, 정액방송 강요, 독선적인 상담 등으로 빠지기 쉽다.

제조업체는 이런 엠디의 상황을 알고 있어야 한다. 방송에 진출한다는 목표도 중요하지만 안 됐을 때 재고처리 문제, 자금계획, 인원계획, 상품생산량 조절 등 플랜 B, C, D를 계획하고 움

마트의 경우, 엠디가 아닌 바이어라고도 하는데 예전에는 2~3년은 족히 매장근무를 하고 발령했지만, 요즘은 엠디와 함께 일하면서 배운다.

직여야 한다. 막연한 기대, 막연한 관계, 막연한 연출에 의존하지 말고 최악의 경우를 철저히 대비하자.

엠디의 배후를 생각하라

엠디 뒤에는 누군가가 있다. 처음엔 엠디가 된다고 했어도, 팀장이 안 된다 하고, 팀장은 된다고 했는데 마케팅 부서에서 반대하는 경우도 있다. 개인이 조직에게는 이길 수 없다. 큰 조직일수록 좋은 사람 역할과 나쁜 사람 역할이 산재되어 있기 때문이다.

이처럼 엠디는 협상 후 빠져나갈 구멍이 많다. 팀장이나 다른 부서 탓으로 돌리면 되기 때문이다. 이는 곧 협상에서 우월한 위치를 점령하고 있다는 뜻이다. 이에 대응하려면 제조업체도 사장이 직접 나서는 것은 바람직하지 않다. 담당 직원을 보내서 엠디와 우호적인 관계를 맺게 하고, 협상 테이블에서 '사장의 결정'이라는 핑계를 댈 수 있는 여지를 만들어야 한다. 이에는 이, 눈에는 눈, 배후에는 배후로 대응하라.

장사꾼이 아닌 지식경영자로 대하라

엠디의 일은 단순한 '장사'가 아니다. 아이디어를 창출하여 상품화하고 과학적인 데이터를 분석해 상품 선정부터 판매촉진까지 총괄한다. 엠디는 상품기획, 마케팅, 재무, 생산, 물류까지 아우르며 부가가치를 창출하는 지식경영자다.

홈쇼핑에 관해선 가장 전문가이면서 중심에 서 있는 사람이

홈쇼핑 업계에서는 엠디의 자리 이동이 심하다. 매출 실적으로 평가를 하므로 실적이 안 좋거나 또는 실적이 너무 좋은 경우 스카우트 또는 이직을 하게 된다.

바로 엠디다. 물론 공급업체는 엠디와 긴장된 관계를 유지하며 협상해야 하지만 엠디의 말을 새겨들을 필요도 있다. 장사꾼으로만 대하면 항상 경계하고 경쟁하는 관계가 되겠지만, 지식경영자로서의 면면을 인정하면 엠디에게서 더 높은 가치를 얻어낼 수 있을 것이다. 그들의 경험과 노하우를 모두 당신 것으로 만들 수 있는 소중한 기회가 될 것이다.

엠디도 사람이다

홈쇼핑 엠디만 갑이라고 생각하지 마라. 엠디 역시 직장인이다. 안에서 깨지고 밖에서 욕먹고, 하루하루 애환을 느끼며 살아가는 회사원이다. 업체 입장에서 보면 상품 결정권을 가진 사람이니 대단해 보이겠지만 엠디도 우리와 같은 사람일 뿐이다.

사람 대 사람이 만나는 일에는 어쩔 수 없이 인간적인 요소가 개입하게 된다. 인간적인 매력을 발산하라. 유통은 기싸움이다. 매력적이고 호감이 가는 사람에게는 함부로 대하지 못할뿐더러 1분이라도 시간을 더 내어줄 것이다.

을이라는 생각에 갇혀 저자세로만 일관하는 것은 오히려 역효과를 낼 수도 있다. 엠디가 만나줬다는 것은 무엇인가 원하기 때문 아니겠는가. 두려움을 용기로 바꾸고 그 가치를 채워낼 수 있어야 한다. 자기 제품의 질에 자신감을 갖고 열정적으로 일하는 모습을 보이면, 엠디는 저절로 그 제품에 신뢰를 느낄 것이다.

보직 순환을 위해 발령을 낼 경우라도 엠디 업무를 하다 지원 업무를 할 경우,
본인의 적성에 맞지 않는다면 적응이 쉽지 않다.

엠디를 이해하되 정공법으로 다가가라

엠디는 항상 바쁜 사람이다. 자신이 필요한 것, 즉 매출을 올릴 수 있는 것에만 관심이 많다. 그외의 것이라 생각되면 우선순위를 뒤로 돌리거나, 잊어버리는 경우도 다반사다. 엠디와의 만남에서 90% 정도는 아쉽게도 거부나 거절의 말을 듣게 될 것이다. 자신이 방송할 수 있는 상품의 여력이 고작 3~5개 정도이니 수많은 업체들과 상담을 하더라도, 이래서 안 되고 저래서 안 된다고 얘기할 수밖에 없다.

　그러니 엠디를 만나면 웬만하면 다 할 수 있고, 다 된다고 밀어붙여라. 그래야 기회가 온다. 실제로 하다 보면 다 해낼 수 있다. 안 되면 그때 대안을 제시하고 만들면 된다. 처음부터 모든 조건을 맞추고 확정할 수는 없다. 함께 일하면서 시간이 엠디를 내 편으로 만들어주는 것이다.

저자는 바이어 9년, 엠디 10년가량을 하면서 매출의 압박을 받아왔지만 천성이 워낙 긍정 낙천적이라 설마 죽이기야 하겠냐는 뚝심으로 스트레스를 버텨왔던 것 같다.

Negotiation
당당하게 협상 테이블에 앉아라

엠디와 협상하는 법

협력적인 협상을 하라

엠디와 거래를 하면, 흥정과 조정을 하며 의논하는 과정, 즉 협상을 하게 된다. 협상을 경쟁적이고 적대적인 개념으로 생각하는 사람이 많다. 내 니즈를 충족하려면 상대의 니즈는 포기시켜야 하거나, 혹은 그 반대로 생각한다. 그러나 엠디와의 관계는 서로의 니즈를 모두 충족시키는 윈윈관계, 즉 협력의 관계가 되어야 한다. 엠디와 협상을 할 때는 협력하려는 자세로 접근하자.

엠디 선배로서 후배 엠디들에게-
외국에서는 엠디라는 직책이 목사, 선생, 교수와 같은 정도로 존경받는다고 한다.

엠디와 업체는 많이 팔겠다는 하나의 목적을 추구하는 공동 운명체이다. 엠디와 내가 모두 협상 결과에 만족하고, 그것이 공동의 이익을 추구하며, 그 이익을 공유할 때 우호적인 관계를 유지할 수 있다.

엠디보다 더 많은 지식으로 무장하라

자기 상품에 대한 전문지식으로 엠디를 압도하라. 판매할 상품에 대한 전문지식에서 엠디에게 밀리면 협상에서도 밀린다. 엠디가 더 잘 알 것이란 고정관념을 버리자. 엠디보다 지식이 부족하면 엠디는 당신을 존중할 수 없다. '잘 봐주세요'식의 읍소형 협상은 결과까지 읍소하게 만든다는 것을 명심하자.

상품에 관한 한 홈쇼핑 엠디에게 의존하지 말고 오히려 리드하라! 엠디는 담당 파트너일 뿐 구원자가 아니다. 엠디보다 더 많이 알고, 더 열정적으로 뛰고, 더 자신감 있게 대박을 향하여 나아가라.

황금다리를 만들어라

입장의 차이나 대립이 생기더라도 엠디와의 관계를 훼손하지 않고, 엠디의 자존심을 지켜주며, 언제든지 돌아올 수 있는 다리, 즉 황금다리를 만들어야 한다. 다리를 걸치고 있다는 것은 곧 여지를 남겨놓아야 한다는 뜻이다.

왜냐하면 그들의 선택이 곧 중소기업을 살려주고, 한 회사를 도와주기 때문이다.
하지만 한국 홈쇼핑 엠디들은 존경의 대상이기보다 갑의 횡포라는 단어와 밀접하다.

황금다리 만드는 법 1

엠디의 체면 세워주기

협상이 결렬되더라도 엠디에게 '전리품'을 안겨 다시 협상테이블로 돌아올 명분을 준다. 예를 들어 가격이 맞지 않아 협상이 이뤄지지 않았을 경우, 배송무료나 AS 기간 연장 등 다른 협상안을 제안한다. 가격이 안 된다면 추가 구성이나 사은품으로, 할부나 렌탈로, 계속 대안을 만들어놓아야 한다. 내 입장에서는 큰 비용이나 노력이 들지 않지만 엠디의 체면을 세워줄 수 있다.

익스플로딩 오퍼(exploding offer)를 활용하라

익스플로딩 오퍼란 짧은 기간을 주고 제안하는 것이다. 예를 들어 '이번 주 내로 이 제안을 받아들이든지 아니면 철회하겠다'라고 상대를 압박한다. 협상에서는 3개의 카드를 제안한 뒤 특정 시점까지 받아들이지 않으면 한 가지는 철회하겠다고 말한다. 한 가지를 철회하는 이유도 납득할 수 있게 설명한다.

대부분의 엠디들은 회사에 소속되어 직장인으로서 살아남기 위하여 몸부림 친다.
하지만 외부에서 바라보는 엠디의 존재감은 상당히 큰 편이다.

황금다리 만드는 법 2

쟁점과 인간관계는 분리

협상의 쟁점에 관해서는 강하게 주장하더라도 인간관계는 부드럽게 유지해서 '여지'를 남긴다.

"저희와 계약하시면 가격은 10% 할인, 배송은 무료, AS기간도 1년을 연장해드리죠. 단 이번 주 내로 결정하셔야 세 가지 다 해드릴 수 있습니다. 그다음 주부터는 배송차량 문제로 무료배송이 불가능하기 때문입니다."

더 줄 수 있는 것 세 가지와 기한이 지나면 못 주는 것 한 가지를 항상 준비하고 상담에 임하라. 단, 기한 압박을 주지만 기한 후에도 계속 협상을 이어갈 수 있는 여지를 남겨야 한다.

가끔 흔들릴 때면, 이 말을 떠올려보기 바란다. "남에게 사랑받으려고 자기를 잃어버리는 놈이라면 이 세상에 비로 쓸어낼 만큼 많다."(소설 속 한 구절)

자신의 가치를 과소평가하지 마라

엠디가 지금 당신의 맞은편에 앉은 것은 당신에게 얻을 것이 있기 때문이다. 어쩌면 당신은 자신이 생각하는 것보다 훨씬 큰 가치를 가지고 있을지도 모른다. 자신의 협상력을 믿고 당당하게 협상을 이어가자.

엠디에게 당하지 않는 법

아무리 홈쇼핑 방송에 대한 열정이 넘치더라도 특약방송, 정액방송은 절대로 하지 마라. 특히 중소 제조업체 제품은 돈으로 방송시간을 사서 진행할 정도의 정액비용 대비 이익은 발생하지 않는다. 철저하게 판매 후 이익이 얼마 남을지를 생각하라.

특약방송, 즉 정액방송은 홈쇼핑에서 상품을 팔아 수수료를 먹는 정률방송과 달리 방송판매 전에 공급업체가 돈을 지불하고 방송하는 방식이다. 자사 제품이 아무리 자신 있더라도, 상품 판매를 아무리 낙관하더라도, 특약(정액)방송은 최대한 신중히 결정하라. 상품만 가지고 매출이 나오는 것이 아니다. 방송 매출의 변수는 방송시간대, 날씨, 영상물, 쇼핑호스트 배정, 요일, 계절, 경쟁제품 등에 따라 널뛰기를 한다. 그 많은 변수에 대한 책임을 모두 공급업체에게 지우는 것이 특약(정액)방송이다.

엠디는 무엇보다도, 직업으로서 자신을 지키는 것이 보람으로 남아야 한다.
회사를 대표한다는 마음보다 대한민국을 대표한다는 마음으로 일해야 한다.

매출에 대한 확신이 있다면 엠디는 절대로 정액방송을 할 이유가 없다. 정률수수료가 더 많은 이익이 남기 때문이다. 특약방송, 정액방송은 사실상 보험상품과 같이 인원모집을 통한 평생 이익개념 등으로 마진이 높고 원가가 거의 없는 상품에서 시작된 방식이다. 지금은 알게 모르게 편성시간을 팔아 홈쇼핑사의 이익을 높이고, 방송상품 매출목표 달성에 자신이 없는 무능한 엠디들의 생존수단으로 전락해버렸다.

정률이 아닌 정액으로 방송하는 것은 엠디도 그 누구도 매출을 보장하지 않는다. 오히려 엠디가 자신이 없기 때문에 정액방송을 유도하는 것임을 명심하자.

지속적인 인간관계를 지향하라

엠디는 연간 스케줄을 항상 가지고 다니면서 수정, 보완한다. 제조업체가 엠디의 사전 기획과 매출 계획을 알 수 있다면 얼마나 좋을까. 그럴 수만 있다면 많은 시간, 인원, 노력을 줄일 수 있고 다른 채널로 빨리 전환하여 영업에 집중할 수 있을 것이다. 또 이 스케줄에 당신이 제조 공급하는 상품이 항상 자리를 차지할 수 있다면 편성을 따내기 수월해질 것이다.

방송은 철저하게 매출과 이익위주이다. 가끔 중소기업 제조사 사장님과 대화를 하다보면 홍보에 도움이 되니 매출이 안 나와도 광고한 셈 치겠다, 라고 말한다.

 따라서 엠디와 지속적인 인간관계를 유지하는 것이 중요하다. 물론 현실적으로는 쉽지 않다. 엠디 입장에서는 그런 관계가 부담스럽기 때문이다. 너무 큰 희망을 갖거나 조바심을 내기보다는 장기적인 파트너십을 유지하자. 엠디는 가끔 만나는 사람이 되어서는 안 된다. 엠디의 머릿속에서 당신의 회사와 상품이 항상 머무르도록 만들라. 매출이 그 안에 있다.

특약(정액)방송을 조심하라

**중소 제조업체 제품은
돈으로 방송시간을 사서
진행할 정도의 정액비용 대비
이익은 발생하지 않는다.
판매 후 이익이 얼마 남을지를
철저하게 생각하라.**

이것은 상당히 위험한 생각이다. 홈쇼핑에 홍보용 방송은 없다.
망한 방송에 미래는 없다. 고객도 한번 나왔다 사라진 브랜드를 기억해주지 않는다.

협상의 4가지 유형

경쟁적 유형

조직적 유형

개인적 유형

협력적 유형

경쟁적 유형

자신의 이익을 방어하는 유형이다. 협상에는 당연히 경쟁 요소가 있다. 어떤 관점에서 한 편이 얻은 것은 상대방의 호주머니에서 나온 것이다. 경쟁적 유형의 협상자를 당면한다면 우선 침묵하라. 그리고 상대보다 먼저 내 카드를 보여서는 안 된다.

조직적 유형

사람은 자신만을 대변하여 협상하는 일이 드물다. 요구와 행동의 일부는 자신이 속한 조직의 목표를 반영한다. 그리고 그 조직

이왕 한번 할 수 있는 기회를 잡았다면 1차고객인 엠디와 2차고객인 소비자에게
안 사고는 못 배길 정도의 연출력으로 TV화면을 장악해야 한다.

은 대개 내부 갈등을 갖고 있다. 협상 당사자가 당신에게 '노!'라는 대답을 한다면 그 조직이 '예스!'라는 답변을 허락지 않기 때문이다. 상대 조직 내에서 강력한 영향력을 행사하는 사람이 누구인지 파악하라.

개인적 유형

사람들이 협상에서 원하는 것은 확실히 눈에 보이는 어떤 것이다. 예를 들면, 돈, 상품, 서비스 등이다. 그러나 이를 표면에 드러내지 않는 경우가 대다수다. 협상 당사자가 진정으로 원하는 것이 무엇인지 간파하라.

협력적 유형

협상에서 양자 승리는 가능하다. 찾으려는 시간과 노력만 할애한다면 양자 모두에게 더 유리한 거래가 반드시 있음을 인식해야 한다. 서로 손해를 끼치지 않고 양쪽 모두의 이익과 만족을 충족시키는 협상을 협력적 유형이라고 한다.

첫 방송의 매출이 모든 것을 결정할 정도로 중요하다. 첫 매출에 최대 매출이 나올 수 있도록 콘셉트, 기획, 연출, 구성, 가격 등 방송전략을 철저히 준비한 후 방송해야 한다.

홈쇼핑 성공 노트

불변의 법칙

06

전략으로 설득하고

상품
판매전략을
세워라

전술적으로 팔아라!

Company analysis
6개 홈쇼핑사별 특성과 선택
홈쇼핑사 분석

홈쇼핑 업계 현황

모두 알다시피 현재 국내에는 7개의 홈쇼핑사가 경쟁하고 있다. 홈쇼핑 외에도 인터넷쇼핑몰, 소셜커머스와의 경쟁이 심화되고 있다. 이런 가운데 방송 수수료는 증가하고 수익성은 악화되고 있다. 고객의 연령은 고령화되고 있으며, 지상파의 방송 시간이 확대되고 있다. 중소 제조업체의 편성 비중을 확대해야 하는 상황이다.

각 홈쇼핑사들은 기업 환경, 정체성, 사업 목표 등 업체별 특성이 모두 다르다.

채널 번호가 중요!

TV홈쇼핑들의 매출 경쟁에는 채널 번호가 많은 영향을 미친다. 공중파 메인 채널의 중간인 6번, 8번, 10번이 S급으로 가장 좋은 채널이다. 그다음이 4번, 12번으로 A급이며, 이들은 LOW채널이라 불린다.

홈쇼핑별 특성을 파악하라

각 홈쇼핑사들이 키우는 상품군과 편성 비율이 높은 상품군을 공략하라. 24시간으로 한정된 시간 때문에 하루에 24개의 상품만이 방송된다. 홈쇼핑은 경쟁 상품과의 전쟁이다. 철저하게 홈쇼핑사별 편성 상품을 조사한 후 해당 채널에 접근하자.

홈쇼핑사들의 상품 편성 스타일을 보면 전체적인 상품 전략이 나타난다. C사는 의류 비중을 높이고 있으며 가전 비중도 높다. 대체적으로 매출비중이 높은 상품군이다. G사는 가전 비중이 낮은 편이다. 가전제품은 홈쇼핑 간의 차별화가 어려운 상품군이다. 삼성과 엘지는 어디서든 다 팔기 때문이다. 가전을 줄인다는 것은 자신의 색깔을 더 내겠다는 뜻이다. 매출보다는 실리를 챙기겠다는 의미이기도 하다. H사는 의류 비중을 낮추었다. 백화점 계열이지만 의류의 전환율은 생각하는 것 이상으로 낮다. 의류상품은 일단 주문해 입어보고 마음에 들면 그때 구매를 확정하는 스타일의 고객이 많기 때문에 전환율이 낮다.

기존의 홈쇼핑사들은 각각의 특성에도 불구하고 궁극적으로는 매출의 극대화와 기업 성장을 목표로 치열하게 경쟁하고 있다. 그러나 공영홈쇼핑은 사뭇 다르다.

구체적으로 살펴보면 G사의 경우, 초창기 가전제품의 편성 및 판매비율이 35% 이상이었던 것을 최근에는 5%대 미만으로 내렸다. 그 나머지 비중을 무형상품인 보험과 렌탈 서비스, 이미용상품과 교육상품에 할애했다. 이익률이 높고 차별화 가능한 독자적인 기획 상품의 비중을 높인 것이다.

중소기업이라면 공영홈쇼핑을 노려라

2015년 7월 14일 공영홈쇼핑인 '아임쇼핑'이 개국했다. 2014년 8월 신설 발표를 한 후 농협(45%), 수협(5%), 중기유통센터(50%)가 자본금을 출자해 개국한 것이다.

공영홈쇼핑은 중소기업 제품을 50%, 나머지 50%는 농축수산물을 전용으로 판매하므로 중소기업에 좋은 기회가 될 수 있다. 판매 여건이 열악한 농수산업자에게도 새로운 유통 경로로서 혁신적인 역할을 할 수 있을 것이다. 판매수수료도 기존 홈쇼핑사들이 보통 35~40% 정도인 데 비해 23%(4년차 이후 20%) 수준으로 책정해서 비용을 절감할 수 있다.

채널 번호가 20번대여서 매출이 적을 것으로 예상했으나 SK브로드밴드에는 3번, KT 스카이라이프에는 4번에 자리 잡으면서 A급 채널을 확보했다. 따라서 재핑 효과도 충분히 노릴 수 있을 것으로 보인다.

공영홈쇼핑은 분명 좋은 기회다. 하지만 공영홈쇼핑이라고 다 대신해주진 않는다. 동영상, 판넬, 시연(요리, 디스플레이, 요리사 등) 준비는 업체에서 해야만 한다.

방송편성표 보는 법

방송 편성 노하우는 홈쇼핑사마다 다르다. 하지만 공통적인 원칙은 있다. 개인(특히 주부)이 구매를 결정할 수 있는 상품인 이미용, 패션, 의류 등은 타깃 고객이 혼자 방송을 볼 수 있는 시간대에 편성한다. 가족이 함께 먹고 쓰는 상품인 가전, 가구, 침구, 생활용품, 식품 등은 가족들이 함께 볼 수 있는 시간에 편성한다. 아울러 여러 홈쇼핑사가 특정 시간에 자주 방송하는 상품이 보인다면 그 상품에 가장 효과적인 방송시간대일 확률이 높다.

방송편성표에서 자신의 상품과 비슷한 상품을 발견한다면, 반드시 강점과 약점을 분석하라. 가격이든 품질이든 브랜드든 차별화 요소를 갖춰야만 방송의 기회를 잡을 수 있다. 차별화 되지 않은 유사상품을 동일 시간대에 함께 방송하는 홈쇼핑사는 없기 때문이다.

감당할 수 있는 홈쇼핑인가

재고 수준, 판매 능력에 따라 홈쇼핑을 선택하라. 전체 매출에 따라 시간당 방송 목표 매출이 정해진다. 현재 1시간당 매출 목표는 중소기업이 1회 방송을 위해 생산하고 재고를 부담하기에는 턱없이 높다. 보통 120%의 재고를 요구하며 목표 매출을 달성하지 못하면 다음 방송을 기약하기 어려운 채 재고를 떠안아야 한다.

홈쇼핑사들은 각사의 홈페이지와 카탈로그를 통해 방송편성시간을 홍보하고 있다. 하지만 소비자들이 홈쇼핑 방송을 편성표 때문에 시청하는 경우는 많지 않다.

홈쇼핑사별 고객 선호도

홈쇼핑사 자체의 특성과 장단점도 존재하지만, 고객들 인식에도 홈쇼핑사별 선호도가 분명 존재하고 있다. 고객들은 공통적으로 필요한 제품을 다양하게 구비한 곳을 선호한다고 답변한다. 일부 설문에 의하면 주요 홈쇼핑사 중 C사와 G사는 친근하고 익숙한 이미지를 준다는 답변이 많았다. H사는 상품 및 추가구성 때문에 선호한다고 답했다. L사에 대해서는 적립금과 포인트 혜택 등을 선호 이유로 꼽았다.

홈쇼핑 거래도 다다익선?

할 수만 있다면 모든 홈쇼핑과 거래하는 것이 좋다. 하지만 먼저 어느 홈쇼핑에 납품할 것인지 우선순위는 정해야 한다. 홈쇼핑사의 라이벌 구도까지 고려하는 게 좋다. '맨땅에 헤딩'하지 말고 건너 건너서라도 홈쇼핑사에 다니는 지인이 있다면 최대한 정보를 얻어라. 각 방송의 스케줄을 보면서 내가 공급하는 상품과 겹치는지 확인하라.

주부가 혼자서 시청하는 시간대인 10~14시 사이에는 주문도 택배도 반품도 집중적으로 일어난다. 가족이 모두 보는 저녁 시간대의 상품 주문은 공동책임이 된다.

Buying behavior
홈쇼핑 고객의 성향에 따른 대응

홈쇼핑 고객 대응 전략

1분 안에 사로잡아라

홈쇼핑을 시청하는 고객의 70%가 1분 안에 채널을 돌린다. '분 (分)당 주문액'을 기준으로 매출을 관리하는 홈쇼핑에선 1분의 가치를 크게 생각한다. 쇼핑호스트는 1분 안에 핵심을 전달할 수 있도록 훈련을 받는다. 공급업체 역시 1분 안에 상품을 인상 적이고 매력적으로 전달하는 방법을 고민해야 한다.

홈쇼핑 고객 트렌드를 알고 그에 따른 판매 전략을 짜야 한다.

엔터테인먼트 콘텐츠를 투입하라

충동구매를 유발하기 위해서는 일단 방송을 보게 만들어야 한다. 살 것이 없어도 방송을 보게 만들려면 상품에 대한 정보 제공 외의 콘텐츠를 제공해야 한다. 최유라쇼(롯데), 박나림 똑소리 살림법(GS), 왕영은 톡톡다이어리(CJ) 등이 그 예로 엔터테인먼트의 요소를 도입해 업계 3대 미다스의 손으로 불리고 있다. 업체간 경쟁이 치열해지면서 고정고객 확보의 필요성이 대두되고 있으며 고객들의 자발적인 관심을 불러일으켜 두터운 고객층을 확보할 수 있기 때문이다.

트렌드로 어필하라

트렌드에 맞는 상품을 출시하라. 상품이 최근 트렌드에 맞지 않는다고 느껴지면 최대한 연출하여 트렌드를 반영하라! 고객을 끄는 트렌드에 맞는 상품을 즉시 투입하여 고객을 잡아야 한다. 장기렌터카 상품이나 시스템 부엌가구 등 오프라인에서 볼 수 없는 특이한 상품이나, 트렌드에 따른 계절상품 등이 필요하다.

재핑 타이밍을 잡아라

지상파의 인기 프로그램이 끝난 뒤 채널이 이동하는 2~3분은 홈쇼핑이 공략해야 할 '황금시간대'다. 채널을 옮겨다니는 시청자를 잡는 것을 홈쇼핑 업계에선 '재핑 마케팅'이라고 한다. '2분 집중'처럼 특별 코너를 편성하는 것이 재핑 마케팅의 사례다.

영화, TV, 모바일 등 모든 화면은 연출된 영상이다. 뉴스, 드라마, 다큐, 홈쇼핑까지도.

홈쇼핑 채널에서 가장 많은 매출을 올리는 시간대는 밤 10시 전후다. 뉴스가 끝난 후 드라마 시작하기 전에 채널을 이리저리 돌리기 때문이다. 또 이때는 다들 퇴근해서 집에 있다고 예상되는 시간이기도 하다. 이때 홈쇼핑 방송은 단 2~3초간 시청자 시야에 들어온다. 찰나의 순간이지만 이때 시청자들의 시선을 사로잡아야 한다.

싸다는 '느낌'이 중요하다

핵심은 무조건 싼 가격이 아니다. 고객이 잘 샀다 하고 느끼는 가격이다. 고객이 잘 샀다 생각하면 그것으로 성공한 가격이다. 싸다, 비싸다는 가격이 얼마냐의 문제가 아니다. 세상의 상품들과 비교했을 때, 다른 어느 곳과 비교했을 때 싸게 샀다고 느끼면 그 소비자에게는 그것이 싼 가격인 것이다. 원가대비 100%를 받아도 싸다 느낄 수 있고 원가대비 10%를 받아도 비싸다 할 수 있는 것이 고객의 마음이다. 고객이 싸다고 느끼면 싼 것이다.

판매 방송인 홈쇼핑의 연출은 고객이 얼마나 사고 싶게 만드느냐에 집중된다.

Buying behavior
홈쇼핑 고객의 성향에 따른 대응

상품군별
전략을 세워라

상품군별 주요 고객을 파악하라

어떤 고객이 어떤 상품을 주로 구입하는가? 나이는 숫자에 불과
할지 모르지만 고객의 나이를 파악하는 것은 중요하다. 상품별
로 가장 많이 구입하는 고객의 연령대에 맞춰 대응하지 못하면
매출 목표를 달성하기 어렵다. 그 무엇보다 매출 목표를 달성하
지 못하면 다음 방송을 기대하기 어렵다. 착각하지 마라, 고객은
희망이 아니라 현실이다.

상품군에 따른 주요 고객을 파악해 상품을 기획한다.

패션잡화를 주로 구매하는 고객층

45세 이상의 고객 비중이 높다(62%). 30대 후반, 40대 초반을 타 깃으로 한 상품의 추가 개발이 필요하다. 주얼리는 패션 주얼리 와 파인 주얼리로 고객층이 양분화되어 있다. 경기에 민감한 상 품군으로 적절한 편성 대응을 해야 한다.

명품은 50대 이상 고객 위주(53%)로 상품이 전개된다. 40대 초반 고객을 타깃으로 한 아이템 믹스가 필요하다. 효율성 증대 를 위하여 브랜드 확대보다는 메인 브랜드를 육성 관리한다.

의류를 주로 구매하는 고객층

여성 캐주얼은 45세 이상 고객 비중이 높다(67%). 40대 초반 고 객을 유입할 수 있는 상품 개발이 필요하다. 고객의 각 연령대에 맞는 상품을 출시하여 다양성을 추구한다.

중소 브랜드는 효율 위주의 홈쇼핑에서는 정리를 당하기 쉽 다. 반드시 자사의 브랜드가 메가 브랜드로 육성 및 개발되어야 살아남을 수 있다.

남성의류는 45세 이상 비중이 높다(53%). 대표 브랜드가 없 다. 레저스포츠는 매출 주도 브랜드(웨어) 보강 및 레포츠용품 개발이 필요한 상태이다.

언더웨어는 브랜드별로 구매 고객의 성향 차이가 크다. 보정 속옷류는 고객의 연령이 높다.

봄에는 의류가 단연 1등이며, 화장품, 침구, 언더웨어 순으로 팔린다.

화장품을 주로 구매하는 고객층

기초화장품은 30~40대 여성이 주로 구매하지만 전 연령에 걸쳐 고른 분포를 보인다. 색조화장품의 고객은 45세 이하의 여성이 절반 이상을 차지하며(54%) 주로 낮은 연령층에서 구매한다. 향후 쇼핑몰의 고객층이 점차 어려질 것을 대비할 수 있는 상품군이다. 매출을 견인할 대표 브랜드 상품 육성이 필요하다.

이미용 제품의 주요 고객은 30대 여성이다. 이 분야에서는 다른 브랜드와 차별화된 고유한 히트 상품을 찾아야 한다.

전자제품을 주로 구매하는 고객층

대형가전은 메이저 브랜드와 선(先)기획을 통한 독자 모델 및 프로모션의 개발이 필요하며 시즌 운영을 강화해야 한다. 생활가전은 30대 고객이 강세(26%)다. 니치마켓(틈새시장)을 개척해 새로운 카테고리를 개발할 필요가 있다.

모바일 기기는 45세 미만 고객의 비중이 57%인데 그중에서도 30대 고객의 비중이 높다(30%). 효율성 위주의 브랜드 관리가 필요하다. 컴퓨터는 대표적인 저연령대 상품군으로 45세 미만 고객 비중이 61%이며 메이저 브랜드와 사전 선기획을 통한 독자 모델 개발 및 프로모션 강화가 필요하다.

주방가전은 전 연령층이 고르게 구매하는 경향을 보인다.

여름에도 역시 의류, 화장품, 언더웨어에 이어 식품군이 많이 팔린다.

생활용품을 주로 구매하는 고객층

생활용품은 전 연령층에 고른 분포를 보이고 있다. 20~30대 33%, 40대 39%, 50~60대 29%이다. 생활용품의 PLC(Product Life Cycle) 관리 및 효율성이 정체된 상품을 대체할 신상품 개발이 필요하다.

가구/리빙용품은 40대 이하의 고객은 비중이 낮다(28%). 대물가구 중심에서 신규 카테고리로 전환이 필요하다. 침구는 고객 연령층의 변화를 위해 30대를 공략할 상품 개발이 필요하다. PB상품 및 대표 브랜드 육성을 통해 전체적인 매출을 확대하는 것이 관건이다.

아동교육용품은 대표적 저연령대 상품군으로 45세 미만 고객이 86%를 차지한다. 시장을 이끄는 업체를 유치하고 신규 카테고리(교구, 교재 등)를 개발해서 전면적인 리뉴얼을 해야 한다.

건강용품 및 식품을 주로 구매하는 고객층

건강용품은 45세 이상 고객의 비중이 높다(61%). 항상 신규 카테고리 개발을 통한 상품 리뉴얼이 필요하다. 식품은 전 연령대에 걸쳐 고른 고객 분포를 보이며 메가히트 상품개발이 필요하다. 식품 중에서 건강식품은 아이템별 구매고객 연령층이 양분되어 있다. 홍삼(50대)과 다이어트(30대)가 강세다. 시장성 및 고객층 변화를 위해 다이어트 상품 육성이 필요하다.

가을과 겨울에는 의류, 화장품, 식품에 이어 침구류의 판매가 늘어나는 경향이 있다.

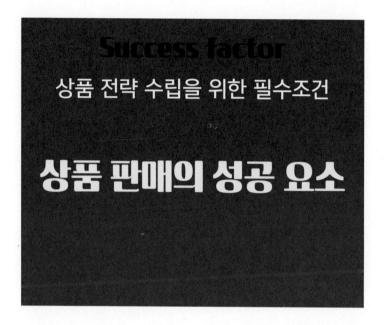

상품도 생물이다

일단 상품이 태어났으면 꾸며주고(디자인, 패키지, 브랜드명) 가꿔주고(스토리텔링, 상품 구성 및 구매 조건) 친구도 만들어주고(추가 구성, 사은품, 게스트) 그때그때 상황에 맞게 대응(출시 기념, 창업 기념, 세일)해야 한다.

최근에는 가수 루시드폴이 2년 만에 발표하는 정규 7집 앨범을 TV홈쇼핑으로 론칭하여 화제가 되었다. 직접 농사지은 귤과 앨범을 패키지에 담아 판매하는 '귤이 빛나는 밤에'라는 콘셉트의 상품기획이었다. 놀라운 아이디어가 아닐 수 없다.

상품 가치 설득에 집중하라

상품 판매를 위해 상향성, 감정성, 집단성, 보상성, 관습성 등의 가치 설득 키워드에 유의하여 상품을 기획하라. 내 상품을 이러한 기준에 의해 설명할 수 있어야 한다. 예를 들어, 집단성은 수치화하여 표현함으로써 고객의 좌뇌에 그 상품의 신뢰도를 부여한다. 감정성은 쇼핑호스트가 직접 호소함으로써 고객의 우뇌에 감성을 불어넣는다. 이렇게 좌우로 뇌를 흔들어 구매욕구를 일으키는 것이다.

상향성

기존에 비해 업그레이드 되어야 하고 레벨업 되어야 한다.

"지금까지 효과를 못 봤다면 이번에 써보라."
"지금까지의 문제점을 해결했다."

홈쇼핑 고객을 설득하는 일은 초등학생도 알아들을 수 있도록 간단 명료하면서도 쉽게 말할 수 있어야 가능하다.

감정성

**쇼핑호스트의 멘트나 인서트의 문구들은
감정에 호소할 만한 것이어야 한다.**

'고맙다, 편안하다, 쉽다, 너무 좋다'
등의 멘트로 정서를 자극한다.
'이런 분 효과 없어요, 이런 분 좋아요.'라는
솔직함이 오히려 효과적이다.

집단성

**누군가의 추천, 설문 결과 등으로
어떤 집단이 인정했다는 것을
보여주면 설득하기 쉽다.**

**국내판매 1위, 고객만족도 1위,
세계 최초, 협회인증, 각종 마크와 특허증,
서포터즈, 동호회, 파워블로거**

내 상품을 남과 다른 한 마디로 표현하는 핵심 개념의 메시지가 필요하다.
소구 포인트를 3가지로 압축하면 강력해진다.

보상성

고객이 상품 외에도 보너스 같은 보상감을 느끼도록 해야 한다. 상품평을 쓰면 사은품을 주거나 포인트 점수 제공, 할인권, 1+1 등을 제공한다.

무료 체험, 무조건 반품, 환불, 쓰면 쓸수록, 좋은 건강에 좋은, 천연…

홈쇼핑의 KSF

KSF는 핵심성공요소(KEY SUCCESS FACTOR)의 줄임말이다. 홈 쇼핑에서 성공하기 위한 네 가지 요소가 있다. 홈쇼핑사가 성공 의 요소로 이 4가지를 생각하므로 제조업체도 이를 성공 요소로 삼아야 한다.

KSF 1. 가격을 파괴하라

엠디가 판매할 품목을 정했다면 그다음엔 무엇을 할까? 같은 상 품을 공급하는 몇몇 업체들에 견적서를 요청할 것이다. 그 견적

집단성은 곧 신뢰성이다. 홈쇼핑 고객 대부분은 혁신수용자나 얼리어답터가 아니다. 추천, 인증, 상품평이 필요하다.

관습성

고민할 시간을 주지 말고 몰아붙여라.
카리스마 있게 확신을 가지고 설득하라.

"무조건 주문 먼저 하세요!"
"물량 확보하세요! 지금 결정하세요!"
전화벨 소리나 경보음으로
조바심이 나게끔 분위기를 조성한다.

서들을 놓고 보면 생산원가를 금방 비교할 수 있다. 그러고 나서 판매 가격을 더 저렴하게 책정한 업체를 택한다.

무조건 싸게 팔라는 것이 아니다. 기존의 가격 체계를 흔들어 소비자를 현혹할 수 있어야 한다. 1개 가격에 2개를 주거나 잘나가는 제품을 추가로 끼워 파는 등 경쟁업체를 이길 수 있는 가격 체계를 고민하라.

KSF 2. 품질은 기본이다

방송이 끝날 때쯤 되면 쇼핑호스트가 이렇게 외친다.

"마음에 안 드시면 반품 환불 가능합니다!"

213

보상성은 고객의 관여도가 높은 고가상품에 적용하면 효과가 크다. 일단 물량부터 확보하고 '마음에 안 들면 반품하세요!' 하고, 고객의 리스크를 줄여주는 이유다.

품질에 자신 있으니까 일단 주문하여 써보고, 생각했던 것과 다르거나 좋지 않으면 반품할 수 있다는 말이다. 때문에 제조업체에서는 뜯어본 제품도 반품 환불을 해주어야 한다. 홈쇼핑사에서는 반품 환불 처리하여 제조업체에게 떠넘기면 되지만 제조업체 입장에서는 손실이 크다. 반드시 품질은 좋아야 한다.

KSF 3. 서비스를 직접 하라

취소 · 반품률이 높아지는 것은 배송이 지연되는 경우에 많이 발생한다. 고객은 채널을 돌리다 충동적으로 구매했지만 시간이 지나면 정신이 들기 시작한다. 갖고 싶을 때 가져야 만족감이 높아진다. 기다리다가 치지는 것은 연애할 때만이 아니다. 당일배송, 익일배송에 목숨을 거는 이유다. 몇 백억, 몇 천억 투자하여 물류창고를 짓는 것도 서비스 품질을 높이기 위해서다. 물류창고에 물건을 넣는 것은 직매입 조건이 아니라 판매되고 남은 상품은 반품하는 조건이 된다. 직택배를 하고 싶어도 배송 서비스 속도를 높이려는 홈쇼핑사에게 허락을 받기가 쉽지 않다. 창고, 재고, 시스템 등 배송 서비스를 잘해낼 수 있다는 신뢰를 얻는 것이 필요하다.

사람들은 합리적으로 행동하려 노력한다. 그러나 고객은 관습적으로 행동한다.

KSF 4. 콘텐츠에 투자하라

싸고 품질이 좋아도 이를 방송에서 효과적으로 전달할 수 없으면 모두 허사가 된다. 1차 구매, 즉 홈쇼핑 고객이 방송을 보고도 사지 않으면 제조업체는 제품의 가격과 품질, 서비스 등을 검증할 길이 없다. 가격도, 품질도, 서비스도 잘할 기회가 없다. 고객도 제품이 진짜 좋은지 확인할 길이 없다. 허위, 과장 정보를 주라는 것이 아니다. 필요성을 느끼게 만들면서 마음을 움직일 수 있는 탄탄한 스토리의 상품 정보를 제시해야 한다.

> **홈쇼핑 판매의 완성은 종합예술 쇼!**
> 가격이 싸게 보이고, 품질이 좋게 보이고,
> 서비스가 끝내주는, 고객이 기꺼이 지갑을
> 열 수 있는 생생한 쇼를 만들라.
> 우리의 제품은 훌륭하다. 하지만
> 먼저 훌륭하게 보여야 기회가 열린다.

좀 더 카리스마 있게 제품을 구매하라고 강력히 요청해야 소비자는 비로소 움직인다.

상품기획서의 포인트

상품기획서를 쓸 때는 상품 자체가 눈에 확 띄어야 한다. 상품기획서 자체가 쇼다. PPT를 만드는 기술도 필요하다. 꼭 들어가야 할 포인트들을 소개한다.

방송적합성

방송에 적합한가?

편리성, 시각성, 안전성, 혁신성, 시연성

상품평가

상품이 우수한가?
가격 경쟁력이 있는가?

디자인, 가격, 기능, 브랜드력

방송에 적합하다는 것은 방송 연출을 통해 고객의 마음을 움직일 수 있는가의 문제다. 상품의 모든 것은 스크린에 시각화 할 수 있어야 한다.

상품기획서는 제조업체가 홈쇼핑사에게 제안하는 용도만으로 쓰이는 것이 아니다. 엠디가 사내에서 논의할 때에도 중요한 자료가 된다는 점에 유의하라. 엠디 관점에서 유용하고 쓸모있는 상품기획서를 만들 수 있다면 채택 확률은 높아질 것이다.

시장성

시장성이 현재와 맞는가?

트렌드, 인지도, 시장규모, 시장점유율, 호감도

업체의 신뢰도

제조공급사는 믿을 만한가?

마케팅능력, 사업기간, 상품전문성

상품성, 즉 디자인, 가격, 기능은 기본이다. 기본이 잘 되어 있는 상태에서 연출이 부각된다. 상품에도 타이밍이 중요하다. 성장기의 상품 시장성을 갖춰야 한다.

상품기획서 필수 항목 7가지

시장조사 및 분석

제품 설명

업체 정보

타깃 분석

고객 만족

매출 목표

판매 전략

필수 항목으로 본 상품기획서 예시

상품기획서에 정해진 틀은 없다. 구체적이고 성실한 고민과 조사를 바탕으로 작성하되 얼마든지 창의력을 발휘할 수 있다. 다

기획 단계에서는 소비자 시장조사가 중요하다. 보통 FGI(집중그룹인터뷰)를 통해 아이디어를 얻고 온라인 소비자 조사를 통하여 가격대와 소구 포인트를 잡는다.

만 꼭 들어가야 할 항목들이 있을 뿐이다. 다음의 예시들은 엠디 관점에서 작성한, P사 러닝머신의 상품기획서 일부 내용이다.

1. 시장조사 및 분석

시장조사는 상품 기획의 기본이다. 시장조사 없이 상품을 내놓는 것은 땅을 살피지 않고 씨를 뿌리는 것과 같다. 어떤 씨앗이 잘 자랄지 먼저 밭을 살펴야 한다. 시장의 크기와 특성, 잠재력을 파악한다. 그렇게 분석한 사항과 통찰력을 상품기획서에 정리한다.

시장 규모 : 실내운동기구 시장의 규모는 연간 2,500억 원.

시장 전망 : 지속적인 경기 침체로 인해 고가 사치품인 운동기구 시장은 위축되어 있지만 여가시간이 늘어나고 건강과 몸매에 대한 관심이 커지면서 매년 20%씩 성장할 것으로 예상.

온/오프라인 판매현황 : 현재 이 모델은 판매되지 않고 있음.

경쟁/유사상품 분석 : N홈쇼핑에서 판매 중인 A사의 러닝머신

장점 - 60만 원대의 경쟁력 있는 가격에 벨트마사지기, 족탕기 등을 더한 푸짐한 구성.

단점 - 기존에 판매하던 러닝머신에 디자인만 수정한 상품으로 차별화되지 못함.

이제 많은 회사들이 1차 조사로 자사 샘플을 통한 FGI와 온라인 소비자 조사를 실시하고, 이어서 2차 조사인 온라인 판매채널 조사를 실시한다.

2. 제품 설명

제품의 기본적인 스펙뿐 아니라 경쟁적 우위를 가진 특징을 강조한다. 원가를 상세히 밝히고 가격을 책정한 근거를 제시하며, 할인 가능 폭도 명시한다. 제품 설명에는 다양한 사진을 통하여 특징, 개요를 시각적으로 보여준다. 사용방법, 시연 등은 동영상을 첨부하는 것이 홈쇼핑 제안서에 적합하다.

상품 개요 : 기존 러닝머신의 운동 방법에서 탈피, 등산과 빨리 걷기를 가미해 차별화한 상품.

상품의 특징 : 유압 시스템을 통해 두 개의 러닝 스페이스를 상하로 움직이면서 운동할 수 있음.

가격 : 990,000원, 30%(배송업체) / 제품원가 440$(약 453,000원) / 관세, 물류비 포함 업체 인도 가격 575,300원 / 배송비 70,000원 / 업체 마진 포함한 당사 매입 가격 693,000원. 처음 기획 시 1,090,000원으로 론칭, 매출 부진 시 10만 원 가격인하를 하려고 했으나 경기를 감안 990,000원으로 론칭. 추후 공장과 협의하여 80만 원대까지 할인 가능.

방송에서의 제품 설명은 제조사 관점보다는 소비자 관점에서 브랜드 스토리, 개발자 이력, 수상경력, 인증, 추천 등 실제 제품 외에 비실체적인 상품요소가 중요해지고 있다.

3. 업체 정보

수입제품의 경우 제조사를 함께 밝힌다. 판매사에 대해서는 가능한 한 구체적인 정보를 제공하고 매출의 부진이나 대박, 어떤 상황에도 대응할 능력이 있음을 근거를 들어 설명하고 있다.

제조원 : 대만 ㅇㅇㅇ社

판매원 : P인더ㅇㅇㅇㅇ
　　　　　사업개시일 – 1997년
　　　　　주요생산품 – 헬스용품
　　　　　연매출액 – 200억
　　　　　자산규모 – 60억
　　　　　자본액 – 4억
　　　　　부채액 – 10억
　　　　　종업원수 – 32명

매출 상황에 따른 업체 대응력 :
인터넷에서 월 5억 정도의 매출을 올리고 있으며, 할인점에도 입점 예정으로 오프라인 유통망을 강화하고 있어 당사 매출 부진 시에도 재정상의 위험부담이 낮은 편임. 전국적인 배송 및 A/S망을 갖추고 있어 실시간 고객 응대도 가능함.

업체정보는 제조사 정보와 판매자(벤더) 정보를 함께 제공해야 한다. 방송 기획, 관리 측면에서 방송 벤더의 역할이 크다.

4. 타깃 분석

홈쇼핑을 통해 해당 상품을 구입하는 타깃 고객층을 최대한 자세히 파악한다. 다른 회사의 동일 상품을 누가 구매하는지 알아보고 나이, 성별, 생활방식 등 최대한 자세히 분석한다.

연령 : 구매 고객의 대부분은 30대 후반에서 50대로 연령층이 높음.

시간 : 구매 고객의 60% 이상이 남성으로 21시 이후 편성이 가장 효과적임.

거주지 : 70% 이상이 아파트에 거주하고 있으므로 아파트에서 사용 시 편리한 제품임을 강조.

경제력 : 상품의 가격이 90만 원대이므로 중산층 이상 고객의 구매 비중이 절대적임.

타깃 분석은 업체가 자체로 예상하는 것이 아니라 소비자 조사를 통해 시장 세분화 후 목표 타깃을 설정하는 것이다.

5. 고객만족(C/S)

홈쇼핑에서 판매 시 가장 중요하고 민감한 사항이 바로 고객 서비스 부분이다. 따라서 상품기획서에 이를 명확하게 명시해 신뢰감을 주는 것이 좋다.

> **판매원(제조원)** : P인더oooo(대만 ooo社)
>
> **A/S 센터 정보** : 전문 배송업체 및 A/S팀에 아웃소싱을 해서 철저한 배송과 A/S 관리를 하고 있음.
>
> **C/S 센터 정보** : 10명의 C/S 전담팀을 구성해 실시간 대응.
>
> **C/S 발생 상품 및 처리 상황** : 현재 1년 무상서비스 시행. 1년 후에는 부품비만 받고 출장비는 받지 않음.
>
> **C/S 마인드** : 홈쇼핑 초창기에 러닝머신이 갑자기 멈춰서 고객이 다치는 일이 발생. 이에 무상으로 러닝머신 1대를 제공하고 각종 선물 공세로 문제 해결. 또 상품의 기능이 검증될 때까지 지속적으로 개선하며 품질에 대한 확신을 가질 때까지 판매하지 않음.

홈쇼핑의 고객 만족은 묻지도 따지지도 않고 무조건 반품/환불하는 수준이어야 가능하다. 품질이 균일하지 않고 C/S 문의가 많다면, 방송을 안 하는 것이 회사에 이롭다.

6. 매출 목표

공헌이익, 전환율 등을 포함한 단기적 목표와 함께 장기적 목표를 명시한다. 매출 목표는 현실적으로 달성 가능한 것으로 산정한다.

판매일시 : 20XX. XX. XX. 22:30~23:30

입찰목표 : 20,000,000원

분당주문액 : 2,500,000원

예상출고 공헌이익 : 21,315,000원

예상달성율 : 106%

전환율 : 65%

장기적 목표 : 론칭 후 3번까지 프로모션 강화 등을 통해 총주문액 증대. 메인 시간대 노출을 통해 분당주문액 상승 유도(최대 분당 400~500만 원). 주 1회~2회 지속적인 노출을 통해 상품의 인지도 상승 유도

각 홈쇼핑사의 매출목표는 시간대별로 정해져 있다. 목표를 달성하면 다음 방송이 쉽게 잡힌다.

7. 판매 전략

어떻게 팔 것인지 구체적인 판매, 홍보 전략이 나와야 한다. 막연히 많이 팔겠다는 의지 피력이 아니라 시장조사, 타깃 분석을 토대로 상세한 전략을 짜서 상품기획서에 정리한다.

판매 전략

러닝머신의 주요 고객인 30대 후반 이상의 고연령층을 공략, 관절에 무리 없이 운동 효과를 얻을 수 있다는 장점을 어필. 아파트 거주자를 타깃으로 소음이나 층간 울림이 없다는 장점을 집중적으로 강조.

판매 스케줄

2월 초 론칭 후 4월까지 편성시간 확대. 비수기인 6~8월 방송 중단. 이후 9월부터 업그레이드 상품으로 론칭 예정

홍보 전략

당사 홍보팅을 통해 신상품 홍보(블로그, 카페, 페이스북, 신문 기사 등). SB물을 통해 방송 전 상품 홍보.
3D 제작을 통해 차별화된 상품 기능 부각. 이미지 촬영을 통해 상품의 디자인, 특수성 부각.

목표에 미달하면 다음 방송은 목표를 달성할 수 있는 구체적인 개선 방안이 편성회의에서 통과되어야 가능하다. 가격인하, 추가구성, 정액 방송 등.

홈쇼핑 성공 노트

불변의 법칙

07

요즘 홈쇼핑은 한 마디로 쇼다!

깜짝 쇼를
준비하라

모두가 놀랄 만한 쇼를 하라, 쇼를 해!

Show + Character

생방송 시간 안에
승부를 봐야 하는 홈쇼핑

홈쇼핑 방송의 특성

상품을 재료로 생생한 쇼를 만들어라

홈쇼핑은 방송을 매개로 한 유통업이다. 소비자는 물건을 만져
볼 수도, 맛볼 수도, 작동해볼 수도, 입어볼 수도 없다. 하지만 방
송을 통해 마음을 움직이고, 갖고 싶게 만들고, 먹고 싶게 만들
고, 입고 싶게 만들고, 사용하고 싶게 만들 수 있다. 고객은 TV
를 보다가 체험과 소유의 욕구를 느끼면 주문하기 위해 전화기
를 들게 된다.

상품만 좋으면 될 것이라 생각할 수도 있다. 물론 품질은 당
연히 좋아야 한다. 그러나 고객은 단순히 상품을 사기보다는 가

무엇보다도 먼저 홈쇼핑 방송의 특수성을 인지해야 경쟁력 있는 쇼를 할 수 있다.

치를 사고, 경험을 산다. 잡스와 애플만 쇼를 해서 제품을 알릴 수 있는 것이 아니다. 우리의 제품도 훌륭하다. 하지만 쇼를 해야 한다. 아무리 좋은 제품이라도 먼저 훌륭하게 보여야 기회가 열린다.

지금이 아니면 기회는 없다

홈쇼핑은 생방송이다. 지금 이 순간이 아니면 아무 의미가 없다. 방송시간은 다시 돌아오지 않는다. 처음이자 마지막 방송인 것처럼 임해야 한다. 한국소비자원의 조사에 따르면 홈쇼핑에서 상품구매를 위해 한 시점을 보면 '쇼핑호스트의 설명을 들으면서'가 60.6%로 가장 많다. '물건을 보는 순간 바로'가 17.2%, '한정 판매시간 마감에 임박하여'가 13.2%, '프로그램 종료 후'가 8.8% 순으로 나타나 조사대상자의 91%가 상품이 소개되는 도중에 주문전화를 하고 있는 것으로 나타났다.

따라서 방송시간 동안 고객의 마음을 확 끌어야 한다. 살 것이냐 말 것이냐의 문제는 상품이 죽느냐, 사느냐 하는 문제다. 연출에 굉장히 집중할 수밖에 없다. 품질만 열심히 설명하고 있으면 고객은 그것을 듣다가 방송시간이 끝나버린다. 구매할 기회를 놓쳐버린다. 어떻게 팔 것인지를 구상해 명확한 전략을 짜라.

당신의 상품은 블록버스터(제작비, 마케팅비 과다 상품)인가? 중소기업 상품은 대부분 광고가 되지 않은 상품일 것이다. 그래서 상품기획 스토리(시나리오)가 중요하다.

홈쇼핑은 영화다

이제 소비자에게 감성과 믿음과 감동을 줄 수 있는 콘셉트와 스토리로 상품을 연출해야 한다. 우리는 영화를 볼 때, 울거나 웃거나 두려움을 느끼거나 흥분하게 된다. 그것은 영화의 스토리, 배우들의 연기, 연출을 위한 다양한 소품, 도구, 효과, 음악, 대사 등에 빠져들기 때문이다. 홈쇼핑 또한 이와 다를 바 없다.

실력 있는 감독이 있어야 하고(엠디), 제작자(공급업체)와 인지도 있는/실력 있는 배우(상품), 상영관(홈쇼핑 사), 제작소품과 의상, 특수효과, 음향, 카메라가 필요하다. 영상등급심의(방송심의)도 받아야 한다. 제작비에 따라 블록버스터를 목표로 하기도 하고, 시나리오(상품 히스토리와 콘셉트)가 좋으면 대박을 기대하기도 한다. 결과는 대박일 수도 쪽박일 수도 있다. 결국 고객이 표를 얼마나 사주고 보느냐, 돈 주고 상품을 얼마나 사주느냐에 달려 있다.

> **홈쇼핑 고객은 언제 주문하는가?**
> 쇼핑호스트의 설명을 들으면서 60.6%
> 물건을 보는 순간 바로 17.2%
> 한정 판매시간 마감에 임박하여 13.2%
> 프로그램 종료 후 8.8%

233

대기업의 스토리(시나리오)는 대부분 소비자들이 광고라고 느끼는 반면, 중소기업의 스토리는 진정성 있게 받아들여 주는 장점이 있다.

1. 대박

실력 있는 감독이 대박을 내듯, 실력 있는 엠디가 대박을 낸다.

영화 VS 홈쇼핑

영화의 흥행과 홈쇼핑의 히트는 비슷하면서도 다르다. 공통점과 차이점을 살펴보며 깜짝 쇼를 준비하라.

시청률과 매출의 관계

시청자가 많을수록 홈쇼핑을 이용하는 고객도 늘어난다. 방송을 보는 도중에 구매하는 사람이 대부분이므로 방송 시간이 길면 구매 행동도 상대적으로 늘어난다. 그러나 이는 일반적인 비례관계일 뿐 상품의 질이나 방송 콘셉트 등 여러 가지 요소들이 관여하게 된다.

블록버스터가 아니라면(모델, 유명 게스트, 제작비용 등이 미비), 철저하게 제품과 스토리를 차별화해야 한다. 동종업계 1등상품을 철저히 분석하라.

2. 캐스팅

매력 있는 배우가 관객을 몰입시키듯 차별화된 상품과 준비된 업체를 캐스팅하는 것이 필요하다.

시간만큼 중요한 것이 반복 횟수다. 첫눈에 반하는 상품을 만나기란 쉽지 않다. 대부분은 방송을 보며 여러 번 고민해서 구매한다. 따라서 시간도 중요하지만 자주 눈에 띄는 편성 전략이 필요하다. 지상파 프로그램이 끝날 때 채널이 돌아갈 것이니 그 시점에 맞춰 방송을 기획해야 한다. 그 시점에 상품 설명을 다시 시작하고 눈길을 끄는 화면을 배치하는 식이다.

유명 연예인 VS. 무명 전문가? 상품에 얼마나 부합되는(관련있는) 게스트냐에 따라 상품 구매가 결정된다. 무조건 유명한 사람이 최고는 아니다.

°3. 완성도

제작비 내에서 실력 있고 책임감 있는 디자인 팀, 영상 팀이 함께하여 작품의 완성도를 높이듯, 홈쇼핑에도 실력 있고 책임감 있는 디자인회사, 사전영상 제작회사가 방송 론칭 때까지 완성도 높고 콘셉트에 맞게 수정 또 수정한다.

시간대별 주요 시청자

홈쇼핑 시청 시간대는 크게 새벽, 오전, 오후, 밤으로 구분할 수 있다. 새벽과 오전의 이른 시간에는 중, 장년층과 노년층이 주로 시청하며 오전과 오후에는 전업주부, 밤 시간대에는 가족이 모여 시청하는 경우가 많다. 또 심야 시간대에는 젊은 층이 많이 시청한다.

좀 더 자세히 살펴보면 오전 시간대에는 어린 자녀를 둔 20~30대의 젊은 주부들이 주로 시청한다. 화장품, 생활용품, 침

236

19금 VS. 15금? 홈쇼핑 방송에 19금이란 없다. 과다노출, 폭력, 비하 등은 방심위 제재사항이다.

4. 심의

**영화에 심의가 있듯 방송에도 심의가 있다.
공인기관 입증 자료를 만들기 위한
비용이 만만치 않다.
상품이 좋아도 효과를 객관적으로
표현하기 위해선 시험 데이터가 필요하다.**

구류를 주로 편성하므로 이런 상품을 기획한다면 이 시간대를 노린다. 30대 후반의 주부들은 오후 시간대에 주로 시청하며 패션용품이나 주방용품, 식품 등을 주로 구매한다.

저녁식사 이후 시간에는 퇴근하고 돌아온 남성들이 주로 시청한다. 이들이 관심 있어할 대형가전이나 전자제품, IT 제품, 레포츠 등을 주로 편성한다. 12시가 넘어간 심야 시간대에는 20~30대의 젊은 미혼 남녀들이 많이 시청한다. 패션잡화나 이·미용품 등 유행에 민감한 제품들을 편성한다.

밤 10시 이후는 15금 방송 정도는 가능하다. 그것은 언더웨어 방송의 모델 워킹이 가능한 시간대이다.

5. 상영

**아무리 좋은 영화를 만들었어도
영화관이 없으면 무용지물이듯
아무리 좋은 상품도 홈쇼핑 방송시간을
확보하지 못하면 재고로 남을 뿐이다.**

사람들은 불구경과 싸움 구경을 좋아한다

고객이 구경하고 싶어 하는 것을 보여줘라. 말하자면 불구경은 '할인'이다. 불구경은 불이 클수록 재미있다. 세일도 강렬할수록 사람들이 몰린다. 고객은 싸면 쌀수록 좋아한다. 원래 비싼 것을 싸게 구입하는 것, '딱 오늘만'이라는 말은 더 좋아한다.

싸움 구경은 '비교'다. 두 사람이 싸우면 사람들이 구경하러 몰려든다. 이때 때리는 사람뿐 아니라 맞는 사람도 회자된다. 업계 1위와 붙으면 유명해진다. 혼자 나오면 그러려니 하지만 1위와 비교해서 보여주면 좋다는 느낌이 확 온다.

비교 광고를 하면 법에 저촉된다? 문제가 되는 것은 비교 광고가 아니다. 금하고 있는 것은 비방 광고다. 비교만 하고 선택은 소비자의 몫으로 돌려라!

6. 플랜B

쪽박이 나더라도
다시 일어설 수 있는
플랜B는 반드시 필요하다.

1위를 상대로 '맞짱떠라'

무조건 1위 제품을 찾아라. 물론 그보다 제품의 질이 좋아야 한다. 한 중소기업 건강식품의 경우, 누구나 알 만한 브랜드의 제품과 비교하는 광고를 했다. 물론 중소기업 제품이 모든 면에서 좋았던 것은 아니다. 당당하게 비교하고 장점을 부각시키는 콘셉트를 어필해서 큰 반응을 얻어냈다. 그 결과는 매출로 고스란히 나타났다. 이러한 비교 맞짱 콘셉트는 업계 1등 상품을 대상으로 했을 경우에 효과를 볼 수 있는 전략이다. 엠디에게든 소비자에게든 자사 상품을 1등 상품과 비교해서 설득할 때, 상대를 움직일 수 있다는 점은 똑같다.

자사 상품에 대한 비교나 품질표시기준 상의 명확한 특성, 성분, 규격 등을
비교하는 것은 무방하다. 소비자의 올바른 선택을 위한 것이기 때문이다.

Show + Technic
라이프스타일 쇼핑을 지향하는 쇼퍼테인먼트

성공적인 쇼를 위한 기술

쇼퍼테인먼트 시대가 왔다

홈쇼핑이 단순한 정보 제공의 기능에서 벗어나 쇼핑과 엔터테인먼트를 결합한 형태를 '쇼퍼테인먼트(쇼핑+엔터테인먼트)'라고 부른다. 어느 패션 홈쇼핑 방송에서는 패션 지식과 스타일링 비법을 전하며 패션쇼를 보여주기도 한다. 더불어 고객 참여 기회를 제공해 재미와 전문성, 소통까지 담고 있다. 전문성과 재미, 정보를 동시에 제공해 신뢰도를 강화하고, 재핑하던 시청자들이 일반 방송을 보듯 홈쇼핑 채널에 고정하게 된다.

정보 이전에 시선을 끌어라. 고객은 재미있는 방송을 선호한

스마트한 소비자는 방송을 보고 바로 주문하지 않고 검색을 해본다.

다. 홈쇼핑은 단순한 구매 행위가 아닌 즐거움을 줄 수 있는 종합문화 쇼로 변화하고 있다. 예전에는 제품을 사기 위한 목적으로 홈쇼핑 채널을 봤다면 이제는 그저 재미있어서 보는 고객이 늘어나고 있다. 그러다가 끌리면 구매도 한다. 더욱 세분화되고 시시각각 변하는 소비자의 니즈를 어떻게 잡을 것인가? 카멜레온 같은 고객에 대응하려면 마법의 망토를 준비해야 한다.

인기 프로그램을 벤치마킹하라

지상파에 비해 세분화된 타깃을 대상으로 특화된 콘텐츠를 선보이는 케이블과 종편이 인기를 끌고 있다. 이런 흐름에 맞춰 홈쇼핑도 더욱 재미있고 수준 높은 방송을 선보이는 중이다. 예능 방송을 만드는 PD처럼 내 상품을 어떤 형식으로 팔 것인지 생각해야 한다. 지상파를 비롯해 다른 케이블 방송들 중 인기 있는 방송을 항상 모니터하라. 자신이 팔 상품의 카테고리에 맞으면 더욱 좋다. 식품이면 요리 방송, 패션이면 스타일 방송을 보라. 그 속에서 흥행 요소를 찾아 내 상품을 파는 방송에 도입하자.

SNS를 통한 소통에 노력하라

누구나 스마트폰을 가지고 있고, 모바일앱을 통한 쇼핑도 늘고 있다. 이제 홈쇼핑이 '폰쇼핑'이 되는 시대다. 고객과의 실시간 소통을 강화해 카카오톡 상담이나 문자 메시지 서비스를 강화해야 한다. 상품에 대한 궁금증뿐 아니라 사용후기, 자신의 사연

네이버, 다음과 같은 포털에서 가격, 구성, 상품평, 기사 등을 보고 구매를 결정한다.

까지 주고받으며 라디오 방송 같은 느낌을 주면 신뢰도와 충성
도를 높일 수 있다.

제품 전문가를 영입하라

전문가적인 식견을 가진 게스트를 영입해 쇼핑호스트와 공동
진행하는 사례가 늘고 있다. 기존의 쇼핑호스트는 지식이나 노
하우가 제한적이고 무조건 홍보를 하려 한다는 소비자의 인식
이 있어 신뢰도를 확보하는 데 한계가 있었다. 그러나 전문가는
제품을 검증해주고 객관적으로 이야기할 수 있어 권위를 느끼
게 한다. 홈쇼핑에만 주로 출연하는 쇼핑호스트에 비해 전문가
는 다른 지상파에도 출연해 인지도도 높다. 전문가를 영입해 고
정방송을 하면 충성도 높은 고객을 확보할 수 있다.

스타 쇼핑호스트를 모셔라

스타급 쇼핑호스트들의 존재는 홈쇼핑 방송을 '쇼'로 업그레이
드하는 가장 중요한 요소다. 쇼핑호스트가 회사를 옮기면 단골
홈쇼핑마저 따라 바꾸는 고객이 적지 않을 정도로 이들의 영향
력은 막강하다. 상품이 아니라 쇼핑호스트를 믿고 구매를 결정
하는 것이다. 정윤정, 동지현, 김동은, 한창서 등 스타 쇼핑호스
트들은 각 홈쇼핑을 대표하지만, 한편으로 이들을 영입하기 위
해 홈쇼핑사들이 물밑 경쟁을 펼친다.

블로그, SNS 등 각종 인터넷 홍보는 매출 증대를 위한 툴이 아니다.
오히려 홈쇼핑 방송 시 매출 손실이 나지 않도록 해주는 필수 방책에 가깝다.

고객이 투자한 시간을 보상하라

이제 새로운 차원의 홈쇼핑이 필요하다. 홈쇼핑을 시청한 후에는 고객이 어떠한 가치를 느낄 수 있도록 만들어야 한다. 목표를 달성할 때까지 시청자를 붙들어 매고 유혹하기 위해서는 시청자가 투자한 시간에 대해 보상을 주어야 한다. 깜짝 할인이나 무료 제공 같은 것을 준비해 제공하라.

필수 소셜마케팅 1·2·3에 투자하라

모바일 홈페이지를 만들라. 복잡하게 생각할 필요 없다. 시장 점유율 1위인 포털, 네이버의 Modoo에 들어가면 간편하게 무료 홈페이지를 만들 수 있다. 네이버 서비스이므로 검색이 자동으로 된다. 카카오 채널과 옐로 아이디도 활용하자. 카카오에서 운영하는, 사업체를 위한 사이트이다. 모바일을 이용한 홍보(1대 1 대화, 대량 메일 발송 등)에 효과적이다. 강력한 마케팅 채널이다. 페이스북에 페이지를 개설하라. 사업체, 브랜드 홍보에 효과적이다. 페이스북을 통해 반응 고객 분석까지도 해볼 수 있다.

이 세 가지 홍보 채널을 구축한 후에 블로그와 연동하라. 클릭 한 번으로 당신의 원 소스 콘텐츠를 멀티하게 전략적으로 사용하게 될 것이다. 검색의 시대인 만큼 홈쇼핑 방송은 절대 혼자 성과를 내지 못한다. 소비자가 접촉할 수 있는 모든 채널에 동시 다발적인 노출을 하는 업체가 대박을 만들 수 있다.

오늘날 판매 마케팅과 구매 행위는 머리싸움의 격전장이라고 불러도 좋을 만큼 치열하다. 제조사는 설득하기 위해 준비하고, 소비자는 속지 않기 위해 검색한다.

홈쇼핑 성공 노트

불변의 법칙

08

시장도 고객도 진화하고 있다.

미래를
전망하고
대비하라

적극적으로 대응해야 이긴다!

Evolution
급변하는 환경, 홈쇼핑도 변화한다

진화하는 TV홈쇼핑

시장도 고객도 진화한다

홈쇼핑이라고 하면 쇼핑호스트가 나와 끊임없이 설명하고 제품을 체험, 시연해 보이는 장면이 떠오를 것이다. 그러나 기존의 정보 전달 방식에서 벗어나 토크쇼나 코미디를 도입한 방송 등 다양한 콘텐츠가 개발되고 있다. 홈쇼핑에서 판매하는 상품도 진화하고 있다. 보험, 아파트는 물론 우주여행 상품까지 나와 화제가 되었다. 판매 채널이 다양화되고 해외 진출도 활발해지고 있다.

진화하는 홈쇼핑 환경을 대표하는 특징은 뭐니 뭐니 해도 모바일 쇼핑의 급성장이다.

이 모든 것은 진화하는 고객을 사로잡고 새로운 매출을 만들어내기 위한 시도다. 변화하는 유통 환경, 소비자의 니즈를 두려워하지 말고 여러 방면의 혁신을 통해 소비자 트렌드를 이끌어가야 할 것이다.

유통 컨버전스 시대

더 이상 전통적인 TV 중계 방식의 홈쇼핑으로는 '신 유통 시대'를 이끌어가기 힘들 것으로 보인다. 온라인 인터넷 쇼핑이 급성장하면서 TV 방송으로만 매출을 올리는 데는 한계가 있다. 이에 따라 홈쇼핑사들도 온라인, 모바일로 판매 채널을 다양화해 온라인과 모바일을 아우르는 통합 브랜드로 발전할 것이다.

현재 홈쇼핑업체들이 가장 많은 노력을 기울이고 있는 분야는 모바일 홈쇼핑이다. 스마트폰의 확산으로 모바일 쇼핑의 성장세가 무섭기 때문이다. 홈쇼핑 앱의 다운로드 수가 1천만 명에 달한다. 그만큼 모바일은 매출을 증대할 수 있는 중요한 경로다. 실제로 홈쇼핑사들의 모바일 매출은 전년 대비 300~500% 성장했다.

제조공급업체도 이런 추세에 대비해야 한다. 특히 모바일 쇼핑이 강화되면 쌍방향 통신이 더 강조될 것이다. 따라서 모바일 고객에게 제공할 서비스를 고민해야 한다.

모바일 쇼핑이 강력한 이유는 고객의 구매 과정에서 푸시 알림, 문자 쿠폰 등이 가능하고, 즉각적인 검색이 가능하다는 점이다.

T커머스 시장 확대

T커머스는 'Television Commerce'의 줄임말로 디지털화된 TV를 통해 발생하는 상거래 서비스를 뜻한다. TV를 보면서 전화기를 들지 않아도 리모컨으로 상품을 검색하거나 구매할 수 있는 T커머스는 점차 확대될 전망이다. 인터넷 쇼핑을 하는 것처럼 TV를 통해 제품을 검색, 비교하고 구매, 결제까지 할 수 있다. 특히 홈쇼핑에서는 시청자가 방송을 보다가 궁금한 점이 생기면 실시간으로 궁금증을 해결해주게 될 것이다. 더 이상 일방적인 광고가 아닌 쌍방향 커뮤니케이션이 가능해지는 것이다.

한국T커머스협회는 2014년 790억 원에 불과했던 T커머스 시장이 2015년에는 2500억 원, 2016에는 7000억 원까지 성장할 것으로 예상하고 있다. 롯데 · CJ · GS · 현대 · NS 홈쇼핑 등 홈쇼핑계열과 신세계의 드림쇼핑, KTH의 K쇼핑, 아이디지털홈쇼핑의 쇼핑&T, SK브로드밴드의 B쇼핑 등이 모두 2015년에 T커머스 채널을 개통했다.

T커머스는 발전가능성이 큰 시장으로 홈쇼핑 산업이 재성장을 할 수 있는 계기가 될 것이다. 리모컨으로 쉽게 구매할 수 있어 인터넷에 익숙하지 않는 노년층은 물론 검색 기능이 제공되어 계획적인 소비를 하는 계층도 새로운 타깃 고객이 될 것이다. 제조업체는 더욱 넓어진 고객층의 구미를 당길 수 있는 제품을 기획한다면 새로운 기회를 맞이할 수 있다.

게다가 정보 탐색이 빠르고, 대안 평가가 손쉬우며, 신용카드, 계좌이체, 모바일 페이 등으로 결제가 자유롭다는 것이다.

글로벌 시장 개척

국내 홈쇼핑의 포화로 홈쇼핑사들은 해외 진출에 역량을 쏟고 있다. 2009년 GS샵이 국내 홈쇼핑 사업자 최초로 인도에 진출한 이래 다른 사업자들도 태국, 베트남, 중국, 인도네시아, 말레이시아 등으로 잇따라 진출했다. 이제는 아시아를 넘어 유럽 및 중동으로 시장을 넓히고 있다.

해외사업 성공의 원동력 중 하나는 국내 중소기업의 상품이다. 아시아에 불고 있는 한류 영향으로 한국 상품에 대한 호감도가 높은 데다 품질도 믿을 수 있기 때문이다. 그래서 홈쇼핑사와 중소기업들은 긴밀한 관계를 유지하고 있다.

중소기업의 해외시장 진출은 해외에서 홈쇼핑 채널을 운영하는 업체들에도 반드시 필요한 조건이다. 홈쇼핑사들이 중소기업들의 해외시장 진출에 그 누구보다 적극적으로 나서는 것도 이 때문이다. 중소기업과의 상생을 기반으로 제품을 개발, 기획하려는 추세가 확산되고 있다. 중소기업으로서는 해외 판로를 개척할 수 있는 좋은 기회가 될 것이니 홈쇼핑사와 파트너십을 맺고 해외 고객을 타깃으로 한 제품 개발에 눈을 돌려야 할 것이다.

옴니채널 구축

오프라인 매장이나 홈쇼핑, 인터넷 등 다양한 유통 채널을 통해 판매하는 것을 멀티채널이라고 한다. 멀티채널에서 더 나아간

국내 홈쇼핑 제품의 생명주기가 1년미만으로 짧고 구매고객이 한정되어 있기에 글로벌 시장의 개척은 선택이 아닌 필수 요소가 되었다.

개념이 옴니채널이다. 다양한 채널이 유기적으로 통합되어 있는 경우를 말한다.

닐슨코리아의 분석에 따르면 TV, PC, 모바일의 세 가지 채널을 모두 보유하고 있는 홈쇼핑의 경우 이용자의 44%가 PC, 또는 모바일을 병행하면서 홈쇼핑을 이용하고 있었다. TV를 중심으로 하던 전통적인 홈쇼핑 이용행태가 변화하고 있음을 알 수 있다.

옴니채널 쇼핑 패턴이 늘어나는 것은 새로운 기회일 수 있다. 이전에는 유통업체를 통하지 않고서는 소비자를 만날 수 없었지만 이제는 제조사 스스로 소비자들과의 접점을 만드는 기회로 삼을 수 있다. 이처럼 진화하는 소비자들의 옴니채널 구매 패턴에 적극적으로 대응할 수 있는 전략이 필요하다. 새로운 서비스를 만들어내고 그것을 발 빠르게 실현시켜야 한다.

> ## 옴니채널
> ## '어떤 상품이라도(anything),
> ## 언제(anytime),
> ## 어디서나(anywhere)'
>
> 오프라인과 온라인을 통합해 고객에게 언제 어디서나 서비스를 제공하는 유통체계.

나는 홈쇼핑 판매 상품을 기획하여 할인마트에 최적화(수량, 가격, 포장 조절)를 통해 고객의 호응을 얻어낸 적이 있다.

개별적으로 구축됐던 여러 고객 유입 채널(멀티채널)에서 더 나아가 온라인, 모바일, 오프라인 매장, 카탈로그, 콜센터 등 다양한 채널들을 유기적으로 결합해 일관된 고객경험을 제공해야 한다.

쇼루밍과 역쇼루밍

옴니채널은 쇼루밍(Showrooming)과 역쇼루밍을 해결하기 위해 구축되었다. 쇼루밍이란 오프라인 매장에서 물건을 살펴본 다음 인터넷으로 싼 가격의 제품을 구매하는 경우를 말한다. 역쇼루밍은 반대로 인터넷에서 물건에 대한 정보를 찾은 다음 오프라인 매장에 가서 구입하는 소비자를 일컫는다. 이런 소비자의 새로운 구매 패턴을 포착해 소비자들이 번거롭지 않고 합리적인 가격으로 물건을 구입할 수 있는 방식을 찾기 위한 노력은 계속되고 있다.

> "효과적인 옴니채널 운영에 실패한
> 유통업체는 2015년과 2016년에
> 매출의 15~30%를 잃게 될 것이다."
>
> 세계적인 전자상거래 전문가,
> 존 스텔저(John Stelzer)

매력적인 홈쇼핑 방송 동영상을 할인마트 현장에서 고객들에게 선보이며 구매를 유도했다. 이것은 옴니채널 전략이자 원소스멀티유즈 전략이었던 셈이다.

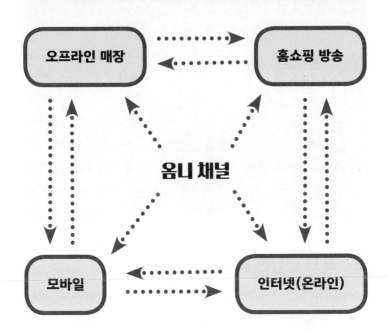

이제 유통마케팅 전략에서 옴니채널 전략은 선택이 아니라 필수가 되어가고 있다.

Provision
변화의 물결에 올라타라

어떻게 대응할 것인가

고객과 더 밀접한 관계를 맺어라

고객을 화면 앞에 잡아두는 시간이 길어질수록 상품은 더 팔린다. 그리고 이야기를 많이 할수록 더 팔린다. 가능한 한 긴 시간 동안 고객의 관심을 끌기 위해서는 그들의 반응을 촉진시키는 상호작용이 필요하다.

이제는 쇼핑호스트의 독백이 아니라 고객과의 대화가 필요하다. 스마트폰을 활용해 고객의 손아귀까지 진출해야 한다. 고객의 구매 성향에 맞춰 방송 전 푸시 알람을 보내거나 특가 상품을 추천하는 등 적극적인 맞춤 마케팅이 필요하다. 또 SNS를 통

6개월 이상을 준비한 홈쇼핑 방송, 첫 방송이 끝나면 프로젝트는 완료된 걸까?

해 실시간으로 질문을 받고 깜짝 할인 등을 이용해 고객과 깊은 관계를 맺어야 한다.

모바일에 주목하라

모바일 쇼핑은 향후 가장 각광받는 쇼핑 채널이 될 것이다. 모바일 쇼핑은 결제가 편리하다는 점도 매우 중요하다. 또 쿠폰이나 여타 알림을 손안에서 쉽게 확인할 수 있다. 가격 비교나 정보 탐색이 쉽다는 장점도 있다. 모든 것을 모바일과 연결하라.

홈쇼핑사의 '갑의 논리'를 극복하라

안타깝게도 TV홈쇼핑사들이 공급업체를 대상으로 우월적 지위 남용을 해서 문제가 되는 경우가 늘고 있다. 공정거래위원회는 2014년 '갑질'행위를 이유로 홈쇼핑업체들에 143억6800만원에 달하는 과징금을 부과했다. (과징금은 CJ오쇼핑이 46억2600만원, 롯데홈쇼핑 37억4200만원, GS홈쇼핑 29억9000만원, 현대홈쇼핑 16억8400만원, 홈앤쇼핑 9억3600만원, NS홈쇼핑 3억9000만원 순이었다.) 계약서도 없이 판매용 상품을 납품하도록 한 뒤 나중에 판매조건을 일방적으로 정하는 것이 관행처럼 되고 있었다. 공정거래위원회는 몇몇 업체에 시정명령과 과징금을 물리기도 했다.

'갑질 논란'의 커지면서 여러 대책도 나오고 있다. 공급업체에 불공정행위를 했다가 적발된 TV홈쇼핑은 재승인 때 불이익을 주는 방안이 추진된다. 피해 중소기업이 안심하고 신고 · 제

첫 방송의 매출이 모든 것을 결정한다. 그 준비에서 향후의 성공과 실패가 판가름난다.

보할 수 있는 여건을 조성하는 데도 힘을 쏟는다. 이런 방안들이 얼마나 실효성이 있을지는 두고 봐야겠지만 홈쇼핑사와 공급업체 모두 불이익을 피하기 위해서 스스로 노력하고 견제할 수밖에 없다. 공급업체는 회의를 끝내면 항상 그 내용을 하나하나 정리하여 홈쇼핑사 담당자에게 메일을 발송하라. 끝나고 한 번 더 확인하는 일은 매우 중요하다. 이것이 홈쇼핑사와 공급업체가 상생하는 길이다.

단 한번의 입점 기회를 잡아라!

입점을 신청해서 한 번 떨어지면 두 번의 기회는 없다. 쉽게 생각하고 어설프게 시도했다가 떨어지면, 홈쇼핑사에는 그 데이터가 남기 때문에 다시 신청을 해도 떨어지기가 쉽다. 처음 신청할 때부터 철저하게 준비하자.

까다로운 홈쇼핑 입점, 전문가가 필요하다

복잡다단한 TV홈쇼핑의 시스템을 파악해 미래를 대비하고 효과적으로 이끌어가기란 여간 어려운 일이 아니다. 또 유통 채널마다 입점 체크포인트가 다르다. 회사소개서, 상품소개서를 딱 하나 만들어 반복해 쓰면서(심지어 폐업할 때까지) 여기저기 돌리는 업체들이 있는데 그래서는 성공하기 힘들다.

　홈쇼핑 입점을 지원하는 전문가들은 해당 업체와 상품에 맞는 구체적인 홈쇼핑 정보와 전략을 제안하게 될 것이다. 상품성

홈쇼핑 첫 방송을 위한 모든 준비, 모든 지원이 향후 진행될 홈쇼핑, 온라인, 오프라인 마케팅 활동의 90%를 차지하게 된다. 첫 방송에 모든 것을 걸어야 하는 이유다.

향상을 위한 방안, 유통마케팅 전략 등 멀고 험한 홈쇼핑 입점의 여정을 살뜰하게 챙겨줄 것이다. 업체 혼자서 외롭고 위태로운 싸움을 시작하기가 두렵다면, 우군을 만나 함께 싸워가는 것도 좋은 방법이 될 수 있다.

내 상품의 경쟁력, 먼저 파악해볼 수 있다면

홈쇼핑을 비롯한 다양한 채널을 통한 유통마케팅을 기획하고 책임지는 유통마케팅 감독으로 활동하고 있는 나는, 수많은 업계의 전문가들의 참여와 중소기업진흥공단 등의 협조를 얻어 상품평가시스템을 구축하고 있다.

상품을 기획한 제조업체가 자신의 상품을 등록하면 1차 평가자이자 최초 구매인 전문 엠디들이 해당상품을 어떻게 평가하는지 미리 의견을 받고 보완해볼 수 있는 시스템이다. 홈쇼핑 입점을 기준으로 설명한다면 일종의 모의고사와 같으며, 사전 오디션 또는 예심과 같은 성격이라 할 수 있다.

상품평가시스템을 통해 검증한 결과가 신통치 않고, 그 과정에서 드러난 문제나 보완점을 해결하기가 어렵다면, 어설프게 입점을 시도하기보다는 빨리 포기하는 것이 나을지도 모른다. 현실적인 포트폴리오를 만들어가라. 소셜커머스, 오픈마켓 등 여러 유통채널을 통해 모니터해보고 반응이 좋은 곳에 먼저 집중적으로 납품을 시작하면 된다.

상품평가시스템이 완성되면 모바일 앱을 통해 유료서비스로 제공할 예정이다. 많은 관심과 참여를 부탁드린다.

과다 재고, 방송 불가 등 모든 문제는 첫 방송의 매출 실패(목표 미달)로 발생한다.
홈쇼핑 기회를 잡은 것은 끝이 아닌 시작일 뿐이다. 반드시 첫 방송을 성공시켜야 한다.

홈쇼핑, 막연한 성공이란 없다!

이 책을 통해 내가 저자로서 꼭 남기고 싶은 메시지는 하나다. 홈쇼핑 대박은 '꿈꾸는 자'가 아니라 '준비하는 자'의 몫이라는 것이다. 세상에 막연한 성공이란 없다. 모든 성공에는 이유가 있으며, 그저 열심히만 해도 성공할 수 있는 일은 거의 사라졌다.

홈쇼핑 판매로 대박을 터뜨려 성공하고 싶다면, 전문가들도 감탄할 만한 준비를 해야 한다. 엠디가 감동하지 않는 상품은 고객도 감동하지 않는다. 엠디를 우군으로 만들자. 경쟁 홈쇼핑 채널을 긴장시키지 못하는 상품으로는 상대를 이길 수 없다.

상품기획부터 입점까지, 상품선정부터 방송편성까지, 방송진행부터 사후관리까지 전 과정을 장악하고 책임지는 유통마케팅 전략과 실행 계획으로. 대박을 예약하라. 성공을 준비하라.

좋은 상품이 있는데, 기술과 아이디어는 있는데, 어떻게 팔아야 할지 고민이라면, 이 책의 조언들이 힘이 될 것이다. '홈쇼핑 판매 불변의 법칙'과 함께 대박을 준비하는 당신의 건투를 빈다.

홈쇼핑 성공 노트

고마운 분들

23년간, 나의 유통생활은 나 홀로 이룬 것이 아니다. 고마운 분들과의 인연을 여기에 남긴다.

1993년

EXPO가 열리고 경제성장률이 높았던 시절, 대학을 막 졸업하고 농심에 입사하여 유통마케팅을 시작했다. 할인점이 없던 그 시절, 할인점 오픈을 위해 함께 애썼던, 강성균 님, 민복기 님, 최문수 님, 신동익 님, 이재승 님, 이극영 님, 김인태 님, 최종환 님, 안대환 님, 최재갑 님, 최영성 님, 김황석 님, 조창호 님, 박범선 님, 곽상욱 님, 나상균 님.

그때 서로 힘이 되어준 동기들, 이창희 님, 이기석 님, 김윤홍 님, 문동춘 님, 노중석 님, 김용국 님, 이승찬 님, 김각회 님, 홍현기 님, 정성렬 님, 권의훈 님, 서준덕 님, 최원구 님, 박현경 님, 차형옥 님, 박진철 님, 백경기 님.

그리고 고마운 후배님들, 정장섭 님, 윤정현 님, 김갑종 님, 임범석 님, 하범석 님, 김병관 님, 손영진 님, 권오성 님, 유연호 님, 임동국 님, 김연주 님, 한혜경 님, 여인욱 님, 조은호 님.

1994년

김일성이 사망하고, 본격적인 지방자치시대에 지방에서 할인점이 본격 출점하면서 많은 도움을 주신, 김준일 님, 윤보선 님, 최창민 님, 엄팔용 님, 한종호 님, 김지태 님, 백한복 님, 곽성규 님, 권혁렬 님, 노무홍 님, 김종석 님, 최동주 님, 김재식 님, 김기일 님, 차완석 님, 문종철 님, 이종기 님.

2002년

잊혀지지 않는 감동의 월드컵 4강의 해에 홈쇼핑으로 회사를 옮기고 신바람 나게 방송하며 함께했던, 박성철 님, 김형술 님, 김귀호 님, 이상규 님, 이승우 님, 김동석 님, 손화정 님, 이광기 님, 박보람 님, 유근형 님, 정승혜 님, 손치성 님, 오기성 님, 정경덕 님, 노충환 님.

2004년

경부고속철도 KTX가 개통되던 때 스포츠건강팀을 맡게 된 나를 아낌없이 도와주신, 정대종 님, 이통형 님, 석락희 님, 이재희 님, 문영선 님, 박상록 님, 이강식 님, 이영창 님, 노문경 님, 이홍국 님, 이진영 님, 김민경 님, 김유택 님, 김인철 님. 그리고 우리 팀, 손상진 님, 이철형 님, 김동환 님, 임성빈 님, 차은광 님.

2006년

황우석박사의 줄기세포 스캔들과 북한의 미사일 발사로 한반도 긴장이 고조되던 시대에 온라인쇼핑몰 팀장시절 도와주신, 문종일 님, 서용운 님, 이주현 님, 김주열 님, 서현중 님, 조영구 님, 이혁 님, 이재승 님, 허필운 님, 정진오 님, 심형섭 님, 최원준 님, 정석원 님, 유경태 님.

잘 따라와 주고 힘이 되어준 우리 팀, 이시현 님, 이치훈 님, 이동근 님, 유진오 님, 서동호 님, 한지연 님, 박인주 님, 장정민 님, 최은하 님, 황혜연 님, 김정은 님, 김민건 님, 한보람 님, 김송희 님, 김혜연 님, 장선미 님, 한아름 님, 이주희 님, 김덕영 님, 서지현 님.

2008년

숭례문이 전소되고 이명박 대통령이 취임하던 때 롯데홈쇼핑으로 바뀌며 식품주방팀장을 맡았던 시절에 많은 도움을 주신, 신헌 님, 신재우 님, 오갑렬 님, 최성진 님, 이영헌 님, 김남수 님, 황영진 님, 김정남 님, 정중헌 님, 이정일 님, 소옥순 님, 박순광 님, 정윤상 님, 안소영 님, 강대부 님, 정영미 님, 전미선 님, 이기헌 님, 김건기 님, 정주명 님, 김재겸 님, 노충환 님, 송찬종 님, 도민수 님, 박장애 님, 박재홍 님, 박준용 님, 변치훈 님, 서웅준 님, 선정래 님, 송병삼 님, 신정일 님, 심지예 님, 안민혜 님, 이동규 님, 이종인 님, 이태호 님, 이형식 님, 정구선 님, 최경수 님, 엄일섭 님, 김영택 님, 위성신 님, 성민기 님, 하동수 님, 오성훈

님, 이재걸 님, 이태호 님, 임기호 님, 유근상 님, 이용선 님, 임성
균님, 엄일섭 님, 김태현 님.
그리고 우리 팀, 장대훈 님, 이상호 님, 하경수 님, 이상훈 님, 정
원철 님, 홍혜영 님.

2009년

노무현 대통령, 김대중 대통령 서거와 김수환 추기경께서 돌아
가셨던 해에 방송심의팀장을 맡았을 때, 막강 심의팀의 김수진
님, 양희연 님, 김난형 님, 정계화 님, 송정언 님, 이지애 님, 최미
경 님, 최진희 님, 한선영 님, 정미정 님, 박윤정 님.
심의에 도움을 주신, 김양하 님, 오하룡 님, 신종철 님, 서형석
님, 김종석 님, 배승남 님, 김일 님, 박혜경 님, 김희철 님.
홈쇼핑 업계의 좋은 분, 김진석 님, 신용락 님, 김영수 님, 이제명
님, 신세민 님, 강중구 님, 지덕용 님, 이석주 님, 주용노 님, 김준
태 님, 김백철 님, 이용혁 님, 김도연 님, 고원애 님.

2012년

한미FTA가 발효되던 때 전략상품개발부장으로서 회사생활 중
행복한 만남이었던, 주세훈 님, 조기현 님, 김제 님, 이신안 님,
김중현 님, 주현욱 님, 최현숙 님, 정범모 님, 저의 코치 남관희
님, 송정수 님, 한동완 님, 김재은 님, 박병곤 님, 이승석 님, 박성
호 님, 최은숙 님, 박명래 님, 김호정 님, 김종교 님, 김영범 님,
이준호 님, 송상준 님, 윤종록 님, 임종숙 님, 강재석 님, 최승훈

님, 임명기 님, 심인보 님, 노남두 님, 이수진 님, 이화진 님, 정석
훈 님, 이금열 님, 정우영 님, 전영호 님, 남광주 님, 김승호 님,
유재윤 님, 안성관 님, 안인숙 님, 이광호 님, 전경호 님, 권현수
님, 김민규 님, 문국현 님, 우형식 님.

2014년 ~

대학원에서 23년 경력을 지식으로 변환시켜주신 이정희 님, 진
현정 님, 문수원 님, 이재학 님, 고장석 님, 최우정 님, 김춘광 님.
마강래 님, 최창범 님, 강병오 님, 최진욱 님, 박준모 님, 황성혁
님, 하광옥 님, 권혁상 님.
유통산업학과, 이찬웅 님, 임형수 님, 문영준 님, 김현주 님, 최
진일 님, 김선진 님, 장문경 님, 서정환 님, 함윤희 님, 추세은 님,
조환 님, 조형준 님, 정석건 님, 장범수 님, 임종수 님, 이상범 님,
윤태식 님, 위대엽 님, 안경환 님, 손현승 님, 박주연 님, 김형욱
님, 김문연 님, 강성하 님, 김병돈 님. 김현우 님.

청년과 중소기업CEO에게 도움을 줄 수 있는 기회를 주신, 김
성희 님, 박성태 님, 전홍기 님, 김영준 님, 구본원 님, 이병구 님,
김성재 님, 백인현 님, 백정희 님, 김영재 님, 전인완 님, 권승훈
님, 최재섭 님, 김범태 님, 유혜영 님, 김태완 님, 엄준현 님, 조성
민 님, 홍기화 님, 남상원 님, 정나리 님, 정다혜 님, 국광태 님,
송영일 님, 이민나 님, 방창석 님, 김주완 님, 이명희 님, 임성순
님, 윤재복 님, 장현정 님, 차재호 님, 김성재 님, 이주명 님, 조윤

재 님, 김방숙 님, 김범호 님, 김귀영 님, 김현수 님, 김경훈 님, 이제엽 님, 김승재 님, 김석용 님, 전승훈 님.

뜻 깊은 모임으로 행복한 만남이 되어주신, 김재은 님, 김향숙 님, 안수경 님, 이수동 님, 서지희 님, 송정수 님, 김웅표 님, 박영철 님, 이신혜 님, 이은호 님, 김은경 님, 황영하 님, 문희영 님, 김기진 님, 김웅표 님, 민승기 님, 박희석 님, 이미나 님, 김봉환 님, 김선일 님, 서준한 님, 서종교 님, 강덕원 님, 전윤대 님, 하문형 님, 이강수 님, 최강배 님, 윤재선 님, 조옥래 님, 이장세 님, 정종수 님, 김동현 님, 이준호 님, 김구연 님.

공동대표로 부족한 나를 항상 채워주시는 윤희현 님,
이 책이 나올 수 있도록 애써주신 김일희 님.

그리고
이현우 님, 김희자 님, 박일랑 님, 정해옥 님, 박소영 님, 두 아들 만희, 한희.

이상 모든 분들께 진심으로 감사드린다.

유통마케팅감독 이상발

(엠디글로벌넷 카카오톡 친구 신청하기)

홈쇼핑 성공 노트

초간단 출간제안 접수

홈쇼핑 판매 불변의 법칙
: 언제나 대박의 기회는 있다

초판 1쇄 발행 / 2016년 01월 06일

지은이 / 이상발
브랜드 / 각광

펴낸이 / 김일희
펴낸곳 / 스포트라잇북
제2014-000086호 (2013년 12월 05일)

주소 / 서울특별시 영등포구 도림로 464, 1-1201 (우)150-768
전화 / 070-4202-9369 팩스 / 031-919-9852
이메일 / spotlightbook@gmail.com
주문처 / 신한전문서적 031-919-9851

책값은 뒤표지에 있습니다.
잘못된 책은 구입한 곳에서 바꾸어 드립니다.

ISBN 979-11-953133-6-5 03320

이 도서의 국립중앙도서관 출판시도서목록(CIP)은
서지정보유통지원시스템 홈페이지(seoji.nl.go.kr)와
국가자료 공동목록시스템(www.nl.go.kr/kolisnet)
에서 이용하실 수 있습니다.
(CIP제어번호: CIP2015030952)

은 스포트라잇북의
실용 비소설 브랜드입니다.

투고하지 마세요

기획부터 하세요

주목받는 책, 각광받는 책의 저자가 되시렵니까?

힘들게 원고를 만들어 투고하실 필요는 없습니다.

글 쓰는 능력보다 경험과 노하우가 더 중요합니다.

아이디어가 있다면 기획부터 출판사와 함께하세요.

어떤 책을 내고 싶은지 간단히 메일만 보내주세요.

never2go@naver.com